Geschmack braucht kein Fleisch!

Vegi-Diät
mit der Kohlsuppe

Elisabeth
Fischer

südwest

Inhalt

Mit Po Wunschg

Nährstoffe perfekt kombiniert

Die vegetarische Diät macht das Abnehmen leicht. Sie liefert sämtliche Nährstoffe in der idealen, schlank machenden Zusammensetzung: viele komplexe Kohlenhydrate, genug Eiweiß und sehr wenig Fett, dazu reichlich Ballaststoffe und aufbauende Vitalstoffe.

1. Ballaststoffe machen satt

Gemüse, Obst, Getreideprodukte, Kartoffeln und Hülsenfrüchte sind die Hauptzutaten für die vegetarische Diät. Sie enthalten reichlich unverdauliche Ballaststoffe, die auf Ihrem Kalorienkonto überhaupt nicht ins Gewicht fallen. Ballaststoffe sind der Motor des Abnehmens: Sie quellen im Magen stark und rufen dadurch ein anhaltendes Sättigungsgefühl hervor. Sie fördern die Verdauung, regulieren den Cholesterinspiegel und wirken entgiftend im Darm.

2. Komplexe Kohlenhydrate geben Energie

Vor allem Vollkornbrot, Vollkornnudeln, Naturreis, Bohnen, Linsen und Kartoffeln liefern komplexe Kohlenhydrate. Sie werden langsamer verdaut als die einfachen Kohlenhydrate aus Weißmehlprodukten und zuckerhaltigen Speisen. Darum sinkt der Blutzuckerspiegel während der vegetarischen Diät auch nicht plötzlich ab, sondern bleibt relativ konstant. Heißhungerattacken, die alle guten Vorsätze zusammenbrechen lassen, werden so verhindert. Sie sind wach und munter, denn die langsame Verdauung der komplexen Kohlenhydrate sorgt für einen ständigen Nachschub an Glukose, dem Kraftstoff für Muskeln und Gehirn.

DIE 6 PLUSPUNKTE DER VEGETARISCHEN

TIPPS

Ballaststoffe haben Durst: Sie brauchen genug Flüssigkeit, damit sie richtig aufquellen und den Magen gut ausfüllen können. Trinken Sie darum reichlich, mindestens 2,5 Liter pro Tag, am besten Mineralwasser und ungesüßte Kräutertees, die haben null Kalorien.

Wer öfter isst, isst weniger. Essen Sie fünfmal am Tag eine kleine Portion, dann hat der Hunger keine Chance!

3. Hochwertiges Eiweiß leicht serviert

Lebenswichtige Proteine, den Baustoff für Muskeln und Zellen, braucht unser Körper, um gesund zu bleiben. Doch der alte Irrglaube, biologisch hochwertiges Eiweiß stecke nur in Fisch und Fleisch ist längst wissenschaftlich widerlegt. Auch Sojaprodukte wie Tofu, dazu Vollkorn, Kartoffeln, Bohnen, Linsen und Sprossen liefern uns wertvolle Aminosäuren. Schlau kombiniert mit schlanken Milchprodukten und Eiern kann der Organismus diese fettarmen pflanzlichen Eiweißbausteine gut verwerten. So werden beim Abnehmen wirklich die lästigen Fettpölsterchen und nicht die stützenden Muskeln abgebaut.

4. Wenig gesundes Fett

Natürlich wissen Sie es längst: Fett macht fett! Wenn Sie beim Fett sparen, sinkt der Kaloriengehalt des Essens rapide, und Sie nehmen stetig ab. Aber vom Wissen allein verschwinden die Kilos nicht! Kaufen Sie deshalb Milchprodukte grundsätzlich in Magerstufe, fettreiche Lebensmittel wie Käse, Butter oder Öl werden konsequent abgewogen und nur in sehr kleinen Mengen verwendet. Bevorzugen Sie während und nach der Diät kaltgepresste Öle: Sie enthalten wertvolle schützende Fettsäuren und viel verjüngendes Vitamin E.

Satt werden, köstlich essen und trotzdem überflüssige Kilos verlieren – das macht Appetit aufs Abnehmen. Erwünschter Nebeneffekt der vegetarischen Diät: Sie fördern Ihre Gesundheit und betreiben Schönheitspflege von innen.

DIÄT

Fünfmal am Tag Obst und Gemüse: die einfache Formel für gesundes Abnehmen.

5. Fit und schön mit Vitalstoffen

Wer abnehmen will, braucht besonders viele Vitalstoffe. Denn durch den Gewichtsverlust leeren sich auch die Vitaminspeicher. Bei einseitigen Diäten sind Sie darum ständig müde und fangen jeden Schnupfen ein – die rechte Freude über die Traumfigur kann da nicht aufkommen. Im Gegensatz dazu gewinnen Sie mit der vegetarischen Diät neuen Schwung – Ihr Stoffwechsel, angefeuert von natürlichen Powerstoffen, läuft auf Hochtouren.

Zündfunken für das Lebensfeuer

Die großen Gemüse- und Obstportionen der vegetarischen Diät enthalten verschwindend wenig Kalorien, dafür jedoch hohe Konzentrationen an Vitaminen, Mineralstoffen und bioaktiven Pflanzenstoffen. Besonders mit den Vitaminen A, C und E sind Sie gut versorgt. Das Allround-Trio stärkt die Immunkräfte, macht gefährliche freie Radikale unschädlich, schützt so vor Herzinfarkt, Krebs und – ganz im Dienst der Schönheit – auch vor Schädigungen der Haut. Aber damit nicht genug: Diese eifrigen Vitamine verlangsamen dazu den Alterungsprozess der Zellen und wirken wie ein natürlicher Jungbrunnen.

Auch bei den vollwertigen Getreideprodukten, bei Hülsenfrüchten und Kartoffeln dürfen Sie kräftig zugreifen. Die sättigenden Lebensmittel machen entgegen aller Vorurteile nicht dick, sorgen jedoch mit üppig B-Vitaminen für gute Laune, starke Nerven und ruhigen Schlaf. B-Vitamine sind aber nicht nur Seelenfutter, sondern auch ein Komplettprogramm für mehr Attraktivität. Sie verhelfen in enger Zusammenarbeit mit Mineralstoffen zu gesunder, straffer Haut und glänzenden, kräftigen Haaren, ja sie verhindern sogar deren vorzeitiges Grauwerden.

Essen Sie sich schön

Eine vitalstoffreiche Ernährung ist die beste Schönheitspflege. Äußerlich aufgetragene Kosmetika erreichen nur die obersten Hautschichten. Die verspeisten Vitalstoffe werden jedoch über feinste Blutgefäße auch zu der untersten Hautschicht befördert und können dort ihre regenerierende Wirkung entfalten.

Wer eine halbe Stunde joggt – am besten mit einem Partner –, verbraucht etwa 370 Kilokalorien, tankt jede Menge Sauerstoff und stärkt sein Herz-Kreislauf-System. Alles gute Gründe, um gleich heute mit dem Training zu beginnen.

Fatburner Bewegung

Dreimal pro Woche 30 Minuten Ausdauertraining heizt die Fettverbrennung an. Sie dürfen sich dabei aber nicht überanstrengen. Wenn Sie durch übertriebene Kraftakte ins Schwitzen und außer Atem kommen, hat das Training keinen Schlankheitseffekt. Darum lieber länger und langsamer joggen, als kurz und blitzschnell rennen. Die Fettverbrennung wird nicht nur während des Trainings angeheizt, auch danach werden lästige Fettpölsterchen abgebaut.

6. Wer köstlich speist, nimmt mühelos ab

Mit den Feinschmeckergerichten der vegetarischen Diät macht das Abnehmen Spaß. Denn wer gut speist, bekommt Lust auf mehr schlankes Essen. So verliert man die Kilos mit Genuss, ohne das Gefühl von Verzicht und Mangel. Und es gelingt leicht, die Diät über den geplanten Zeitraum durchzuhalten.

Dauerhaft schlank

Nach einer Diät verwertet der Körper die Nährstoffe besonders gut, und man nimmt schneller wieder zu. Die vegetarische Diät gibt diesem Jo-Jo-Effekt aber keine Chance: Nehmen Sie nach dem Ende der Diät die Rezepte aus diesem Buch regelmäßig in Ihren Speiseplan auf. Essen Sie weiterhin viel frisches Obst und Gemüse, dazu Vollkornprodukte, Hülsenfrüchte und wenig Fett. So halten Sie Ihr Wunschgewicht dauerhaft und betreiben gleichzeitig wirksame Gesundheitsvorsorge und nachhaltige Schönheitspflege von innen heraus.

Natur pur

Die Zutaten für die vegetarische Diät sind naturbelassen, ohne Geschmacksverstärker und Konservierungsmittel. Denn je frischer und weniger verarbeitet Lebensmittel sind, umso höher ist ihr Vitamingehalt. Auch die Ballaststoffe entfalten die beste Wirkung, wenn sie in Form von natürlichen Lebensmitteln, beispielsweise als Vollkornbrot, gegessen werden.

Bevorzugen Sie Getreideprodukte aus dem vollen Korn, denn in den Randschichten der Getreidekörner befinden sich die meisten Vitamine und Mineralstoffe.

DIE
WUNDERBARE
KOHLSUPPE

Wer alle Vorteile der vegetarischen Diät in einem Gericht auslöffeln will und es mit dem Abnehmen besonders eilig hat, kocht sich einen großen Topf Kohlsuppe, isst davon sieben Tage lang mittags und abends eine große Portion – und nimmt dabei ab. Denn selbst große Mengen an Kohl haben so wenig Kalorien, dass bei der Verdauung dieses Süppchens mehr Kalorien verbraucht als verspeist werden. Verstärkt wird dieser »Ich esse viel und nehme ab«-Effekt durch Substanzen, die den Stoffwechsel anregen und die in den Kohlköpfen reichlich enthalten sind.

Die wunderbare Kohlsuppe lässt sich auch in ein komplettes, längerfristiges Diätprogramm einbauen und wird dann einmal am Tag aufgetischt. Aber diese Schlankmachersuppe kann noch mehr: Sie stärkt das Immunsystem und mobilisiert neue Kräfte, denn Kohlgewächse sind die unumstrittenen Stars auf der Hitliste der gesundheitsfördernden Gemüsepflanzen.

Es lohnt sich, einen großen Topf Kohlsuppe zu kochen; sie schmeckt auch aufgewärmt.

Rund 1100 Kilokalorien (kcal) pro Tag essen Sie mit fünf Mahlzeiten. Je etwa 300 kcal zu den Hauptmahlzeiten am Morgen, Mittag und Abend. Die kleinen Snacks zwischendurch (eine Liste finden Sie auf Seite 16) haben je 100 kcal. Diese Diät funktioniert nach dem Bausteinprinzip. Darum können Sie die Gerichte für Mittag- und Abendessen untereinander austauschen oder aus dem Rezeptteil andere Hauptgerichte auswählen.

2 WOCHEN DIÄTPROGRAMM MIT KOHLSUPPE

Montag
◆ Frühstück:
Guten-Morgen-Drink, S. 26
◆ Kleiner Snack
◆ Mittagessen:
Ungarische Kohlsuppe – doppelte Portion, S. 59
◆ Kleiner Snack
◆ Abendessen:
Bruschetta mit gegrilltem Feta, S. 34

Dienstag
◆ Frühstück:
Kirschentoast mit Zimtcreme, S. 22
◆ Kleiner Snack
◆ Mittagessen:
Spaghetti »Fiorentina«, S. 70
◆ Kleiner Snack
◆ Abendessen:
Pikante Brokkolihäppchen, S. 32

Mittwoch
◆ Frühstück:
Guten-Morgen-Drink, S. 26
◆ Kleiner Snack
◆ Mittagessen:
Kraut- und Rübensuppe – doppelte Portion, S. 58
◆ Kleiner Snack
◆ Abendessen:
Bunter Kartoffelsalat, S. 55
2 Scheiben Vollkornbrot (à 50 g)

Donnerstag
◆ Frühstück:
Brötchen mit milder Käsecreme, S. 23
◆ Kleiner Snack
◆ Mittagessen:
Fruchtige Quarkküchlein, S. 89
◆ Kleiner Snack
◆ Abendessen:
Paprikaschiffchen mit Möhrencreme, S. 43
2 Scheiben Vollkorntoast (à 25 g)

Freitag

- Frühstück:
  Guten-Morgen-Drink, S. 26
- Kleiner Snack
- Mittagessen:
  Kreolische Kohlsuppe – doppelte Portion, S. 59
- Kleiner Snack
- Abendessen:
  Räuchertofu mit Tomatensalsa, S. 38
  2 Scheiben Vollkornbrot (à 50 g)

Samstag

- Frühstück:
  Mandarinenmüsli mit Trauben, S. 24
- Kleiner Snack
- Mittagessen:
  Gemüse aus dem Wok, S. 77
  1 Portion Naturreis (50 g ungekocht)
- Kleiner Snack
- Abendessen:
  Spinatpfanne, S. 78

Sonntag

- Frühstück:
  Kräuter-Sesam-Creme mit Radieschen, S. 25
- Kleiner Snack
- Mittagessen:
  Kohlsuppe mit Pfifferlingen – doppelte
  Portion, S. 61
- Kleiner Snack
- Abendessen:
  Brokkoli-Schnittlauch-Quiche, S. 81

Montag

- Frühstück:
  Guten-Morgen-Drink, S. 26
- Kleiner Snack
- Mittagessen:
  Kirschen-Reis-Auflauf, S. 90
- Kleiner Snack
- Abendessen:
  Toast mit Tofucreme und Gurken, S. 33

Dienstag

- Frühstück:
  Apfelporridge mit Orangensaft, S. 24
- Kleiner Snack
- Mittagessen:
  Kreolische Kohlsuppe – doppelte Portion,
  S. 59
- Kleiner Snack
- Abendessen:
  Griechischer Bauernsalat, S. 50
  2 Scheiben Vollkornbrot (à 50 g)

Auch fettarmer Joghurt mit 1,5 Prozent Fett schmeckt herrlich cremig.

TIPP

Wenn Sie wenig Zeit zum Kochen haben, dann ersetzen Sie einfach mehr Hauptmahlzeiten durch Kohlsuppe. Sie können gleich eine größere Menge Kohlsuppe zubereiten, denn sie schmeckt auch nach dem Aufwärmen und kann sogar in einem Thermosgefäß ins Büro mitgenommen werden.

Mittwoch

◆ Frühstück:
Guten-Morgen-Drink, S. 26
◆ Kleiner Snack
◆ Mittagessen:
Gemüse aus dem Dampf, S. 74
2 Folienkartoffeln aus dem Backofen (à 100 g)
◆ Kleiner Snack
◆ Abendessen:
Möhren-Tomaten-Suppe – doppelte Portion,
S. 62

Donnerstag

◆ Frühstück:
Brötchen mit milder Käsecreme, S. 23
◆ Kleiner Snack
◆ Mittagessen:
Ungarische Kohlsuppe – doppelte Portion,
S. 59
◆ Kleiner Snack
◆ Abendessen:
Gemüsepaella, S. 78

Freitag

◆ Frühstück:
Guten-Morgen-Drink, S. 26
◆ Kleiner Snack
◆ Mittagessen:
Tagliatelle »El Greco«, S. 71
◆ Kleiner Snack
◆ Abendessen:
Tramezzini mit geröstetem Paprika, S. 36

Samstag

◆ Frühstück:
Mandarinenmüsli mit Trauben, S. 24
◆ Kleiner Snack
◆ Mittagessen:
Kraut- und Rübensuppe – doppelte Portion,
S. 58
◆ Kleiner Snack
◆ Abendessen:
Zucchini mit Käse-Mandel-Kruste, S. 80
4 Scheiben Vollkornbaguette (50 g)

*Neue fettarme Rezepte auszuprobieren,
macht zu zweit viel mehr Spaß.*

Sonntag

◆ Frühstück:
Kirschentoast mit Zimtcreme, S. 22
◆ Kleiner Snack
◆ Mittagessen:
Pasta »Sophia«, S. 72
◆ Kleiner Snack
◆ Abendessen:
Kräuterwürzige Ei-Spinat-Creme auf Toast,
S. 36

Essen Sie einmal am Tag als kleinen Snack 200 Gramm frisches Obst (das sind etwa 100 kcal). Erlaubt sind alle Sorten außer Bananen. Den zweiten Snack (ebenfalls ca. 100 kcal) wählen Sie aus der unten stehenden Liste:

KLEINE
SNACKS

Früchtejoghurt

150 Gramm Magerjoghurt (0,1 % Fett) mit 100 Gramm klein geschnittenem Obst (alles außer Banane) vermischen.

Knäckebrot mit Ei

1 Esslöffel Magerquark mit 2 Teelöffel frischen oder tiefgekühlten Kräutern vermischen. 1 Scheibe Knäckebrot damit bestreichen. Dazu 1/2 hart gekochtes Ei essen.

Hüttenkäsebrot

1 Scheibe Vollkornbrot (50 Gramm) mit 1 Esslöffel Hüttenkäse bestreichen und mit 2 Teelöffel Schnittlauchröllchen bestreuen, dazu 1 Tomate oder 4 Radieschen essen.

Tofubrötchen

1 Scheibe Vollkornbrot (50 Gramm) mit 1 Teelöffel Senf bestreichen, mit 50 Gramm Räuchertofu und mit Gurkenscheiben belegen.

Knäckebrot mit Honig

1 Esslöffel Magerquark mit 1 Teelöffel Honig vermischen und 1 Scheibe Knäckebrot damit bestreichen, mit 50 Gramm Obstscheiben oder Beeren belegen.

Leicht und schlank kombiniert

Sie können den Diätplan ganz nach Ihrem Appetit ändern und z. B. jeden Tag als Hauptgericht eine doppelte Portion Suppe essen oder ein Hauptgericht durch zwei kleine Gerichte (mit insgesamt 300 kcal) ersetzen. Besonders günstig ist hierbei die Kombination von heiß und kalt.

Suppe und Salat

Erbsen-Porree-Suppe und Marokkanischer Paprikasalat

Suppe und Vorspeise

Möhren-Tomaten-Suppe und Pilze mit schlanker Sauce Tartar

Suppe und Dessert

Frühlingssuppe und Blitzschnelle Erdbeercreme

Ob Tomaten oder Möhrchen – solche gesunden »Knabbereien« sorgen für eine schlanke Linie und liefern auch reichlich Vitalstoffe.

Die üppigen Portionen der vegetarischen Diät lassen den Gedanken an Mangel und Verzicht nicht aufkommen. Trotzdem ist es ein angenehmes und beruhigendes Gefühl, wenn man weiß, sollte auch nur das geringste Hungergefühl auftreten, dann esse ich eben sofort einen Riesenkohlrabi und dazu noch eine Paprika und fünf Karotten und ...

ROHES GEMÜSE
– SO VIEL SIE WOLLEN

Rohes Gemüse hat verschwindend wenig Kalorien, dafür aber sehr viele Vitamine und sekundäre Pflanzenstoffe. Knabbern Sie daher zwischendurch statt Schokoriegeln, Keksen und Chips rohe Gemüsestreifen – so viel und so oft Sie wollen. Versuchen Sie täglich mindestens 300 Gramm davon zu essen, am besten ganz frisch und knackig, das macht durchschnittlich gerade einmal 70 Kilokalorien aus. Staudensellerie und Chicoréeblättchen, Radieschen und Cocktailtomaten, Fenchel und Kohlrabi bringen Abwechslung in Ihr Gemüseprogramm.

TIPP

Nehmen Sie fein geschnittene Möhren, Paprika- und Gurkenstreifen gut verpackt in einem Frischhaltebeutel mit zur Arbeit. Eine gesunde, schlanke Angewohnheit, die Sie auch nach Diätende beibehalten sollten.

TIPP

Frühstücksbausteine: Wenn Sie Lust auf Abwechslung haben, können Sie Ihr Frühstück auch aus zwei »Kleinen Snacks« zusammensetzen. Beispielsweise Knäckebrot mit Ei und Früchtejoghurt oder Hüttenkäsebrot und Knäckebrot mit Honig.

- Vorsicht bei Fertigprodukten, sie können viel verstecktes Fett enthalten.
- Die Fritteuse aus der Küche verbannen.
- In beschichteten oder gusseisernen Pfannen mit wenig Fett braten.
- Gemüse im Wok unter Rühren braten.
- Im Dämpfeinsatz völlig fettfrei garen.
- Öl immer mit dem Löffel dosieren. Für ein Gemüsegericht für vier Personen reichen ein bis zwei Esslöffel Öl.
- Gemüsecremesuppen, pikante und süße Saucen mit Sauerrahm und Joghurt statt mit Sahne und Crème fraîche verfeinern.
- Mit frischen Kräutern, Knoblauch, Zitronenschale, Ingwer, Sojasauce, Chili würzen, dann können Sie auf Fett als Aromaträger verzichten.
- Gratins und Aufläufe werden auch mit wenig fein geriebenem Käse knusprig.
- Besonders aromatischer Hartkäse bringt, fein gerieben, schon in kleinen Mengen viel Geschmack an Nudelgerichte.
- Obstkuchen mit Joghurtguss backen.
- Käsekuchen mit Magerquark statt mit Sahnequark zubereiten.
- Milchshakes mit Buttermilch statt mit Vollmilch mixen.

FETT SPAREN

Entwickeln Sie ein Bewusstsein für das Fett im Essen. Vergleichen Sie beim Einkaufen den Fettgehalt verschiedener Produkte, und wählen Sie das leichtere. Bei der Dosierung fetter Lebensmittel sollten Sie sich aber nicht auf Ihr Gefühl verlassen: Kaufen Sie eine genaue Küchenwaage, dann haben Sie das Fett im Essen unter Kontrolle.

Knackiger Salat mit leichtem Dressing sollte am besten jeden Tag auf den Tisch kommen.

Diät finden Sie stressig?

Sie wollen sich nicht an einen Diätplan halten, dafür aber langsam abnehmen? Auch das funktioniert:
- Bauen Sie die Rezepte aus diesem Buch regelmäßig in Ihren Speiseplan ein.
- Wählen Sie Ihre Zwischenmahlzeit öfter aus der Liste »Kleine Snacks«.
- Essen Sie überwiegend pflanzliche Lebensmittel. Gemüse, Obst, Getreideprodukte und Hülsenfrüchte. Dazu reichlich fettarme Milchprodukte.
- Sparen Sie generell beim Fett.
- Essen Sie gegen den Hunger zwischendurch so viel rohes Gemüse wie Sie wollen.
- Trinken Sie nur wenig Alkohol.

Vom Frühstück bis zum Abendessen, in der Kantine oder beim Kaffeeklatsch – es gibt immer eine leichte Alternative, die köstlich schmeckt. Haben Sie etwas Geduld, die neuen Esserfahrungen werden Ihre Geschmacksvorlieben nachhaltig verändern. Mit der Zeit werden Sie dann ohne viel nachzudenken schlanke Gerichte bevorzugen und so dauerhaft Ihr Gewicht halten.

◆ Zum Frühstück Capuccino mit geschäumter fettarmer Milch (1,5 %).
◆ Aufs Brot Magerquark mit vielen frischen Kräutern statt Sahnequark.
◆ Vollkornbrötchen statt Weißbrot.
◆ Weiches Ei statt Rührei.
◆ Frisches Obst statt Marmelade.
◆ Zum Aperitif Tomatensaft statt Martini.
◆ Als Vorspeise eine schlanke Gemüsesuppe statt Leberpastete.
◆ Zu Nudeln Tomaten-Gemüse-Sugo statt Käse-Sahne-Sauce.
◆ Pellkartoffeln statt Pommes frites.
◆ Joghurtdressing statt Salatmayonnaise.

ENTSCHEIDEN SIE SCHLANK

◆ Gegen den Durst Mineralwasser statt Colagetränke.
◆ Im Restaurant nach einer kleinen Portion fragen.
◆ Unterwegs einen Apfel statt Currywurst mit Pommes frites.
◆ Beim Warten im Supermarkt an der Kasse keinen Schokoriegel mitnehmen: Täglich ein Schokoriegel bedeutet in einem Jahr vier Kilogramm mehr auf der Waage!
◆ Zum Kaffeeklatsch Obstkuchen mit Hefeteig statt Sahnetorten mit Buttercreme.
◆ Im Sommer Frucht- statt Nusseis.
◆ Zum Dessert frischen Obstsalat statt Mousse au Chocolat.
◆ Vor dem Fernseher Gemüsesticks statt Kartoffelchips.
◆ Beim Fernsehen oder Lesen nicht essen. Abgelenkt verspeisen Sie mehr.
◆ Nicht unbedingt den Teller leer essen. Essen Sie nur, bis Sie satt sind.
◆ Bei Frust die Freundin anrufen und nicht den Kühlschrank plündern!
◆ Nicht hungrig einkaufen gehen.

Früh & Drinks

Fit in den Tag

Wer ausgewogen frühstückt, hat mehr Energie für den Tag und wird nicht so schnell hungrig. Nehmen Sie sich Zeit, und genießen Sie ein fruchtiges Müsli oder knusprige Vollkornbrötchen mit leichter Käsecreme. Wenn Sie den Tag mit Vollkornprodukten beginnen, stellen Sie schon morgens alle Weichen in Richtung Abnehmen.

stück

KIRSCHEN TOAST MIT ZIMTCREME

Pro Port.: 1038 kJ/247 kcal • Chol.: 0,6 mg
F: 1 g • E: 12 g • KH: 45 g • Ballastst.: 5 g

reicht für 1   dauert 7 Minuten

150 g große süße Kirschen • 60 g Magerquark • 1 TL Honig • 1/4 TL Zimt • 1 Messerspitze abgeriebene Schale von 1 unbehandelten Zitrone • 2 Scheiben Vollkorntoast (à 25 g)

1 Die Kirschen waschen, von den Stielen zupfen und entsteinen. Die Kirschen mit einem scharfen Messer halbieren.

2 Quark mit Honig, Zimt und Zitronenschale zu einer glatten Creme rühren. Die Brote knusprig goldgelb toasten.

3 Die Toasts mit der Zimtcreme bestreichen. Die Kirschen mit der Schnittfläche nach oben auf die Creme setzen. Die Toasts sofort servieren, damit sie noch knusprig sind.

Warum Marmelade essen, wenn die frischen Früchte genauso süß und noch viel aromatischer sind, dabei viel weniger Kalorien und mehr Vitamine haben? Frisch aufs Brot schmecken auch in dünne Scheiben geschnittene Erdbeeren, Pfirsiche und Aprikosen. Selbst im Winter müssen Sie auf diese »Frisch-Konfitüre« nicht verzichten: Lassen Sie gefrorene Himbeeren auftauen, und setzen Sie die Beeren dann auf den Toast.

TIPP

So ist das Frühstück schnell gegessen: Süße Kirschen oder eine Creme mit frisch geriebenem Käse kommen auf krossen Toast oder knusprige Vollkornbrötchen.

BRÖTCHEN MIT MILDER KÄSECREME

Pro Port.: 1281 kJ/306 kcal • Chol.: 34 mg
F: 12 g • E: 20 g • KH: 26 g • Ballastst.: 5 g

reicht für 4 dauert 10 Minuten

2 Frühlingszwiebeln • 2 Tomaten • 1/4 Gurke • 4 Salatblätter • 1/2 Kästchen Kresse • 150 g Emmentaler am Stück • 150 g Magerquark • Salz • frisch gemahlener Pfeffer • 4 Vollkornbrötchen

Dieses schnelle Grundrezept eignet sich auch prima als Aufstrich fürs Pausenbrot. Sie können es nach Herzenslust und Appetit abwandeln. Edelsüßes Paprikapulver und fein gehackte Kapern unter die Käsecreme rühren. Oder eine fein gehackte Knoblauchzehe und 3 Esslöffel frisches Basilikum, in feine Streifen geschnitten, dazugeben.

VARIANTE

1 Die Frühlingszwiebeln waschen, putzen, längs halbieren und in feine Streifen schneiden. Tomaten waschen und die Stielansätze herausschneiden. Die Gurke schälen. Tomaten und Gurke in dünne Scheiben schneiden.

2 Den Salat unter fließend kaltem Wasser abspülen und trockentupfen. Die Kresse abschneiden, abbrausen und abtropfen lassen.

3 Den Käse fein reiben. Käse und Quark zu einer glatten Creme verrühren. Die Frühlingszwiebeln untermischen. Die Käsecreme mit Salz und Pfeffer abschmecken.

4 Die Brötchen halbieren, mit der Käsecreme bestreichen, mit Salat, Tomaten- und Gurkenscheiben belegen und mit Kresse garnieren.

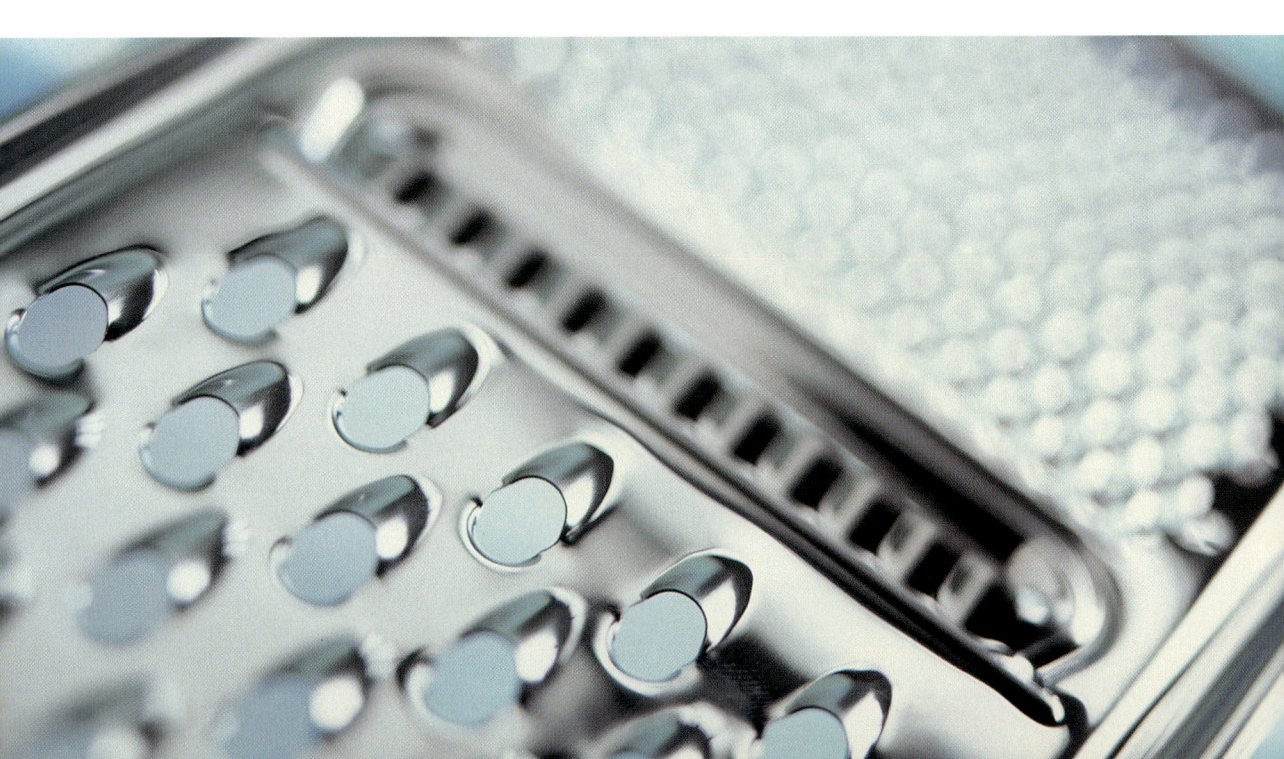

APFEL
PORRIDGE MIT
ORANGENSAFT

**Pro Port.: 1331 kJ/317 kcal • Chol.: 6 mg
F: 4 g • E: 9 g • KH: 57 g • Ballastst.: 8 g**

reicht für 1   dauert 20 Minuten

**1 Apfel • 1 Orange • 30 g Haferschrot •
100 ml fettarme Milch (1,5 %) • 1 Prise
Zimt • 1 TL Honig**

1 Den Apfel schälen, das Kerngehäuse entfernen und das Fruchtfleisch klein würfeln. Die Orange halbieren und auspressen.

2 In einem Topf mit dickem Boden den Haferschrot unter Rühren kurz anrösten. Die Milch, 150 Milliliter Wasser und Zimt unterrühren. Porridge 10 Minuten leise kochen lassen, dabei ab und zu umrühren.

3 Die Apfelwürfel dazugeben und unter Rühren noch 5 Minuten kochen, bis der Haferschrot körnig weich ist und der Apfel leicht zerfällt.

4 Porridge von der Kochstelle nehmen und den Honig unterrühren.

5 Porridge in einem tiefen Teller anrichten und mit dem Orangensaft umgießen.

VARIANTE
Im Sommer schmeckt Porridge auch mit Pfirsich- oder Aprikosenstückchen und mit einer roten Sauce aus fein pürierten Erdbeeren.

Praktisch: Kochen Sie zwei Portionen Porridge. Eine gibt es heiß zum Frühstück. Die zweite Portion wird kalt gestellt und am Nachmittag mit frischen Früchten serviert.

MANDARINEN
MÜSLI
MIT TRAUBEN

**Pro Port.: 1348 kJ/322 kcal • Chol.: 5 mg
F: 6 g • E: 8 g • KH: 53 g • Ballastst.: 4 g**

reicht für 1   dauert 7 Minuten

**100 g blaue Trauben • 2 Mandarinen •
100 g fettarmer Joghurt (1,5 %) • 1 TL
Honig • 30 g Haferflocken • 1 TL Sonnenblumenkerne**

1 Die Trauben waschen, von den Stielen zupfen und halbieren. 1 Mandarine halbieren und auspressen, die andere Mandarine schälen und in Spalten teilen. Die Mandarinenspalten längs halbieren.

2 Joghurt mit Mandarinensaft und Honig glatt rühren, die Haferflocken unter den Joghurt mengen.

3 Trauben, Mandarinenspalten und Sonnenblumenkerne untermischen. Das Müsli sofort servieren.

VARIANTE
Frühstück im Einklang mit der Jahreszeit: Im Sommer Himbeeren oder Kirschen fein pürieren und mit dem Joghurt zu einer fruchtigen Sauce verrühren. Dazu süße Melonenkugeln unter das Müsli mischen. Im Herbst stehen reife Zwetschen und Birnen auf dem Speiseplan.

Starker Start in den Tag – und dabei fühlen Sie sich federleicht! Haferflocken geben Energie und fördern sanft die Verdauung. Joghurt verwöhnt mit leichtem Eiweiß und gesunden Milchsäurebakterien. Die Früchte bringen reichlich Vitamine, die munter, fit und schön machen.

KRÄUTER

SESAM-CREME MIT

RADIESCHEN

**Pro Port.: 1343 kJ/320 kcal • Chol.: 277 mg
F: 9 g • E: 23 g • KH: 35 g • Ballastst.: 10 g**

reicht für 1   dauert 15 Minuten

1 Ei • 100 g Radieschen • **Salz** • frisch
gemahlener Pfeffer • **2 EL Schnittlauchröllchen (frisch oder tiefgekühlt)** • 50 g
Magerquark • **1 EL 8-Kräuter-Mischung
(tiefgekühlt)** • 1 TL Gomasio (Sesam-
salz, siehe Info) • **2 dünne Scheiben
Roggenvollkornbrot (à 40 g)**

1 Das Ei hart kochen, kalt abschrecken und pellen. Das Ei mit dem Eierschneider oder einem
scharfen Messer in dünne Scheiben schneiden.
Die Radieschen waschen, putzen und in dünne
Scheiben schneiden.

2 Die Ei- und Radieschenscheiben auf einem
großen Teller anrichten, leicht salzen und pfeffern, mit Schnittlauch bestreuen.

3 Quark und Kräutermischung verrühren. Kräuterquark mit Gomasio und Pfeffer abschmecken.

4 Die Brote mit der Kräuter-Sesam-Creme
bestreichen. Ei und Radieschen dazu essen.

VARIANTE
Damit dieses Frühstück nie langweilig wird,
können Sie die einfachen Grundzutaten Ei –
Quark – Gemüse vielfältig variieren. Wer es
gleich am Morgen scharf mag, würzt den Kräu-
terquark mit geriebenem Meerrettich oder
Dijonsenf. Sanftere Naturen rühren 1 Teelöffel
Tomatenpüree (aus dem Tetra Pack) in die
Quarkcreme. Das Frühstücksei schmeckt auch
mit Tomaten, Paprika und Gurken.

*Die Kräuter-Sesam-Creme schmeckt auch
köstlich als leichter Mittagsimbiss.*

INFO

Für Gomasio werden ungeschälte
Sesamkörner angeröstet, grob
gemahlen und mit Meersalz vermischt. Für Frauen besonders wichtig: Sesam hat den höchsten Eisenge-
halt aller Lebensmittel. Gomasio gibt
es im Naturkostgeschäft.

GUTEN-MORGEN
DRINK

**Pro Port.: 1039 kJ/248 kcal • Chol.: 8 mg
F: 4 g • E: 9 g • KH: 40 g • Ballastst.: 2 g**

reicht für 1   dauert 5 Minuten

**2 Orangen • 2 EL feine Haferflocken •
150 g fettarmer Joghurt (1,5 %) • 1 TL
Honig**

1 Orangen halbieren und auspressen. Orangensaft, 50 Milliliter kaltes Wasser und Haferflocken
im Mixer oder mit dem Mixstab fein pürieren.

2 Joghurt und Honig dazugeben und einen
schäumenden Drink mixen. Sofort servieren.

VARIANTE
Probieren Sie diesen sättigenden Drink auch mit
frisch gepresstem Grapefruit-, Mandarinen-
oder Möhrensaft.

TIPPS

Um in den vollen Vitamingenuss zu
kommen, sollten Sie dieses vitalisieren-
de Getränk erst unmittelbar vor dem
Frühstück zubereiten. Denn Vitamine
sind empfindlich und werden durch
den Sauerstoff der Luft zerstört.

Schlankheit schlückchenweise. Trinken Sie dieses Frühstücksgetränk
langsam. Dann hat der Magen Zeit zu
reagieren, und es stellt sich ein angenehmes Sättigungsgefühl ein.

Trinken Sie grünen Tee statt schwar-
zen Kaffee! Denn grüner Tee regt an,
ohne aufzuregen.

TOMATEN
SELLERIE-MIX

**Pro Port.: 221 kJ/51 kcal • Chol.: 0 mg
F: 0,6 g • E: 2 g • KH: 8 g • Ballastst.: 3 g**

reicht für 4   dauert 10 Minuten

**1 kg vollreife Tomaten • 2 kleine Stan-
gen Staudensellerie • 4 Blättchen frische Minze • 2 Zweige Basilikum •
1/4 TL abgeriebene Schale von 1 unbehandelten Zitrone • 1 EL Zitronensaft •
Salz • 1 Prise Chilipulver
außerdem
4 Eiswürfel • einige Sellerieblättchen**

1 Die Tomaten waschen, die Stielansätze her-
ausschneiden und das Fruchtfleisch würfeln.
Den Sellerie waschen, putzen und in kleine
Würfel schneiden.

2 Minze und Basilikum waschen, trockenschwenken und fein hacken.

3 Tomaten, Sellerie und Zitronenschale im
Mixer oder mit dem Mixstab fein pürieren und
durch ein Sieb streichen.

4 Tomatendrink mit Minze, Basilikum und Zitronensaft würzen und mit Salz und Chilipulver
abschmecken.

5 Tomaten-Sellerie-Mix in vier hohe Gläser füllen, je 1 Eiswürfel dazugeben und mit Sellerieblättchen garnieren.

*Dieser Drink wird als Aperitif serviert oder
ersetzt an heißen Sommertagen eine Suppe.
Der Tomatenmix ist aber auch eine vitaminreiche Begleitung für ein knuspriges Käse-
brötchen oder schmeckt ganz einfach pur als
kleine flüssige Zwischenmahlzeit.*

Mit dieser Bowle können Sie auch während der Diät eine Party feiern. Das fruchtige Getränk ist alkoholfrei und darum auch kalorienarm. Gäste, die Alkoholisches bevorzugen, bekommen einen Schuss weißen Rum in ihr Bowlenglas.

ANANAS MANGO
PAPAYA-BOWLE

Pro Port.: 576 kJ/120 kcal • Chol.: 0 mg
F: 0,4 g • E: 1 g • KH: 17 g • Ballastst.: 2 g

reicht für 6   dauert 20 Minuten
            kühlt 30 Minuten

600 g frische Ananas • 1 kleine Mango • 1 kleine Papaya • 4 Orangen • 1 Limette • 2 EL Honig • 150 g Himbeeren (tiefgekühlt)

1 Die Ananas mit einem scharfen Messer schälen. Die harten Augen und den Strunk entfernen und das Fruchtfleisch klein schneiden.

2 Die Mango schälen und das Fruchtfleisch vom Kern schneiden. Die Papaya schälen, halbieren und die Kerne entfernen. Mango- und Papayafruchtfleisch in gleichmäßig kleine Würfelchen schneiden.

3 Orangen und Limette halbieren und den Saft auspressen.

4 Ananasfleisch mit Honig und 500 Milliliter eiskaltem Wasser im Mixer fein pürieren und das Püree durch ein Sieb streichen.

5 Mango- und Papayastückchen mit den Fruchtsäften verrühren und die Bowle im Kühlschrank 30 Minuten durchziehen lassen.

6 Unmittelbar vor dem Servieren anstelle von Eiswürfeln die tiefgekühlten Himbeeren in die Bowle geben.

VARIANTE
Im Sommer die Bowle mit Pfirsichstückchen, Melonenkugeln und Erdbeeren zubereiten.

Die exotische Bowle ist ein frischer Aperitif für die nächste Sommerparty – wer mag, mit etwas Mineralwasser verdünnt.

Der Ananasstrunk ist faserreich. Knabbern Sie ein Stück davon, das regt sanft die Verdauung an.

Kleine
& Vorspe

Schlanke Happen zum Genießen

Immer öfter werden Mahlzeiten im Sitzen durch Fast Food im Vorübergehen ersetzt. Damit daraus kein Stolperstein für Ihre schlanke Linie wird, gibt es hier leicht belegte Brötchen und feine Kleinigkeiten für Zwischendurch. Nehmen Sie sich aber trotzdem Zeit. Denn wer langsam und entspannt isst, isst weniger, weil nur dann der natürliche Sättigungsmechanismus wirken kann.

Gerichte
isen

PIKANTE BROKKOLI HÄPPCHEN

**Pro Port.: 981 kJ/234 kcal • Chol.: 0,3 mg
F: 1 g • E: 15 g • KH: 39 g • Ballastst.: 13 g**

reicht für 4   dauert 20 Minuten

**400 g Brokkoli • 2 Frühlingszwiebeln •
2 Tomaten • 1 Paprikaschote • 2 Zweige
Basilikum • 150 g Magerquark • 2–3 EL
geriebener Meerrettich (aus dem Glas
oder der Tube) • Salz • 8 Scheiben feines Roggenvollkornbrot (à 40 g)**

1 Den Brokkoli putzen, waschen und in kleine
Röschen zerteilen.

2 Den Brokkoli zugedeckt in einem Siebeinsatz
über Wasserdampf in 8 Minuten bissfest garen
und grob hacken.

3 Die Frühlingszwiebeln waschen, putzen und
in feine Ringe schneiden. Die Tomaten waschen,
von den Stielansätzen befreien und in schmale
Spalten schneiden.

4 Die Paprikaschote waschen und halbieren.
Stielansatz, Trennwände und Kerne entfernen.
Das Fruchtfleisch in kleine Dreiecke schneiden.
Basilikum waschen und trockenschwenken, die
Blättchen abzupfen.

5 Quark, Meerrettich und Frühlingszwiebeln
gut verrühren und mit dem Brokkoli vermischen. Den Aufstrich mit Salz abschmecken.

6 Die Brote mit der Brokkolicreme bestreichen
und in kleine Happen schneiden. Die Häppchen
mit Tomaten, Paprika und Basilikumblättchen
garnieren.

*Die würzige Brokkolicreme bringt Genuss
auf die leichte Art.*

TIPP

Für Gäste nur das Beste: Mit vierecki-
gem Kastenbrot bekommen die bunt
garnierten Häppchen eine besonders
ebenmäßige Form. Schneiden Sie die
bestrichenen Brote in gleichmäßig
große Quadrate oder Dreiecke.

TOAST
MIT TOFUCREME UND GURKEN

**Pro Port.: 1000 kJ/258 kcal • Chol.: 0 mg
F: 9 g • E: 16 g • KH: 27 g • Ballastst.: 5 g**

reicht für 4   dauert 20 Minuten

**1/2 Gurke • Salz • 2 Frühlingszwiebeln
• 3 Stängel Dill • 1 EL Kapern • 400 g
Tofu • 2 TL Zitronensaft • 2 TL Sonnenblumenöl • 3 TL Dijon-Senf • 2 EL Sojasauce • frisch gemahlener Pfeffer •
8 Scheiben Vollkorntoast (à 25 g)**

1 Die Gurke schälen und in sehr dünne Scheiben schneiden. Die Gurkenscheiben auf einem Teller mit wenig Salz vermischen und 15 Minuten durchziehen lassen.

2 Frühlingszwiebeln waschen, putzen und längs halbieren. Die Frühlingszwiebeln in feine Streifen schneiden.

3 Dill waschen, trockenschwenken und die Blättchen fein schneiden. Kapern fein hacken.

4 Den Tofu kalt abwaschen, trockentupfen und mit der Gabel fein zerdrücken.

5 Tofu, Zitronensaft, Öl, Senf, Sojasauce und Kapern mit dem Mixstab zu einer glatten Creme verarbeiten.

6 Die Tofucreme mit Frühlingszwiebeln und Dill vermischen und mit Pfeffer abschmecken.

7 Die Brote toasten, mit der Tofucreme bestreichen und diagonal in Dreiecke schneiden.

8 Gurkenscheiben in einem Sieb abtropfen lassen. Die Tofubrote damit belegen.

Frühlingszwiebeln sind reich an Vitamin C, das unsere Immunabwehr stärkt.

BRUSCHETTA

MIT GRILL-FETA UND

ZUCCHINISALSA

**Pro Port.: 1180 kJ/281 kcal • Chol.: 23 mg
F: 12 g • E: 15 g • KH: 28 g • Ballastst.: 6 g**

reicht für 4   dauert 20 Minuten

300 g Zucchini • 2 Frühlingszwiebeln •
3 Stängel Koriandergrün • 1 grüne Chilischote • **2–3 EL Zitronensaft** • Salz •
2 Knoblauchzehen • 3 Tomaten • **1 TL
Oregano** • 200 g Feta (griechischer
Schafskäse) • **4 Scheiben Grahambrot
(à 50 g)**

1 Für die Salsa Zucchini und Frühlingszwiebeln
waschen und putzen. Die Zucchini fein reiben.
Die Frühlingszwiebeln in feine Ringe schneiden.
Koriander waschen, trockenschwenken und die
Blättchen fein schneiden. Chilischote waschen,
Stielansatz entfernen und das Fruchtfleisch fein
hacken.

2 Zucchini, Frühlingszwiebeln, Koriandergrün,
Chili und Zitronensaft vermischen. Die Zucchinisalsa mit Salz abschmecken.

3 Den Backofen auf Grillstufe oder 250 °C
(Umluft 220 °C, Gas Stufe 5) vorheizen. Knoblauch abziehen und halbieren. Die Tomaten
waschen, die Stielansätze entfernen und das
Fruchtfleisch in kleine Würfel schneiden. Tomatenwürfel mit 1/2 Teelöffel Oregano und
einer Prise Salz würzen.

4 Feta in 1 Zentimeter dicke Streifen schneiden
und in eine beschichtete Form legen, mit
1/2 Teelöffel Oregano bestreuen. Grillen, bis
sich auf dem Käse kleine braune Pünktchen bilden (das dauert 3 bis 5 Minuten).

5 Die Brote unter dem Grill auf beiden Seiten
knusprig rösten, mit den Knoblauchzehen
(Schnittfläche nach unten) kräftig einreiben und
leicht salzen.

6 Die Tomatenwürfel darauf verteilen, mit
gegrilltem Schafskäse belegen und die Zucchinisalsa darauf geben. Bruschetta sofort servieren.

VARIANTE
Ersetzen Sie den gegrillten Feta durch Rührei.
Dafür 4 Eier verquirlen und in einer beschichte-
ten Pfanne in 1 Teelöffel Öl braten.

So wird das Sandwich richtig saftig: Die pikant gewürzte Zucchinisalsa ist eine leichte und vitaminreiche Alternative zu fetten Mayonnaisesaucen. Zitronensaft, Koriandergrün und Chili sprechen mit ihren ausgeprägten Aromen alle Geschmacksnerven an, fallen aber kalorienmäßig überhaupt nicht ins Gewicht.

TIPP

Für die Sommerparty: Das Brot auf dem Holzkohlengrill rösten und den Schafskäse auf Alufolie braten. Das schmeckt nach Urlaub!

KRÄUTERWÜRZIGE
EI- SPINAT-CREME AUF
TOAST

**Pro Port.: 935 kJ/223 kcal • Chol.: 139 mg
F: 6 g • E: 15 g • KH: 29 g • Ballastst.: 5 g**

reicht für 4   dauert 20 Minuten

2 Eier • 300 g Spinat • Salz • 2 Knoblauchzehen • 2 Frühlingszwiebeln • 2 Tomaten • 1/2 Bund Petersilie • 1 Zweig Oregano • 4 Blättchen frische Minze • 100 g Magerquark • 2 TL Zitronensaft • frisch gemahlener Pfeffer • 4 Scheiben Vollkorntoast (à 25 g)

1 Die Eier hart kochen, kalt abschrecken und pellen. Den Spinat verlesen und waschen, in einen Topf geben, leicht salzen und zugedeckt bei mittlerer Hitze in 2 Minuten zusammenfallen lassen. Spinat in einem Sieb abtropfen lassen, leicht ausdrücken und fein hacken.

2 Knoblauch abziehen und fein hacken. Frühlingszwiebeln waschen, putzen und in feine Ringe schneiden. Tomaten waschen, von den Stielansätzen befreien und in Scheiben schneiden. Kräuter waschen, trockenschwenken und fein hacken.

3 Die gekochten Eigelbe herauslösen, mit einer Gabel fein zerdrücken und zusammen mit Quark und Zitronensaft mit den Quirlen des Handrührgeräts gut vermischen. Gekochtes Eiweiß fein hacken und untermengen.

4 Die Eicreme mit Spinat, Knoblauch, Frühlingszwiebeln, Petersilie, Oregano und Minze verrühren. Mit Salz und Pfeffer abschmecken.

5 Die Brote toasten, mit der Ei-Spinat-Creme bestreichen und diagonal in Dreiecke schneiden. Toasts mit Tomatenscheiben garnieren.

✪ Füllen Sie die Creme in ausgehöhlte Cocktailtomaten, und servieren Sie diese als Vorspeise für ein elegantes Menü.

TRAMEZZINI
MIT GERÖSTETEM
PAPRIKA

**Pro Port.: 1087 kJ/260 kcal • Chol.: 26 mg
F: 10 g • E: 14 g • KH: 28 g • Ballastst.: 6 g**

reicht für 4   dauert 30 Minuten

2 rote Paprikaschoten • 1 Bund Basilikum • 100 g Gorgonzola • 100 g Magerquark • Salz • frisch gemahlener Pfeffer • 8 Scheiben Vollkorntoast (à 25 g)

1 Den Backofen auf 200 °C (Umluft 180 °C, Gas Stufe 3–4) vorheizen. Die Paprika waschen, trockentupfen und auf der mittleren Schiene des Backofens etwa 20 Minuten backen, bis die Haut dunkle Blasen bildet. Die Schoten in dieser Zeit einmal wenden.

2 Die gebackenen Paprikaschoten in einen Gefrierbeutel legen und etwas abkühlen lassen. Die Haut abziehen, Stielansätze, Trennwände und Kerne entfernen und das Fruchtfleisch in breite Streifen schneiden.

3 Basilikum waschen, trockenschwenken und die Blättchen in feine Streifen schneiden. Gorgonzola mit der Gabel fein zerdrücken.

4 Gorgonzola und Quark mit dem Handrührgerät vermischen, Basilikum unterrühren und die Creme mit Salz und Pfeffer abschmecken.

5 4 Brote mit der Käsecreme bestreichen und mit Paprikastreifen belegen. Die restlichen Toastscheiben darauf legen und die Brote diagonal durchschneiden.

✪ Auch andere würzige Käse wie naturgereifter Emmentaler oder Bergkäse lassen sich, fein gerieben und mit der gleichen Menge Magerquark verrührt, kräftig abspecken.

So schmeckt der Sommer: Zu den Tramezzini den Tomatenmix von Seite 26 trinken.

GRILLPILZE

MIT SCHLANKER

SAUCE TARTAR

**Pro Port.: 529 kJ/127 kcal • Chol.: 10 mg
F: 5 g • E: 12 g • KH: 7 g • Ballastst.: 18 g**

reicht für 4   dauert 20 Minuten

**5 Stängel Petersilie • 1/2 Bund Schnitt-
lauch • 1 Essiggurke • 1 EL Kapern •
150 g Magerjoghurt (0,1 %) • 100 g
saure Sahne • 1 EL Dijon-Senf • 2 EL
Zitronensaft • Salz • frisch gemahlener
Pfeffer • 1 kg Austernpilze • 2 TL
Olivenöl**

1 Petersilie und Schnittlauch waschen, trockenschwenken und fein schneiden. Essiggurke und
Kapern fein hacken.

2 Joghurt, saure Sahne, Senf und Zitronensaft zu
einer glatten Sauce verrühren und mit Petersilie,
Schnittlauch, Essiggurke und Kapern vermischen. Die schlanke Sauce Tartar mit Salz und
Pfeffer abschmecken.

3 Den Backofen auf Grillstufe oder 250 °C
(Umluft 220 °C, Gas Stufe 5) vorheizen. Die Austernpilze putzen und zerteilen, wenn notwendig
abwaschen und mit Küchenpapier abtupfen.
Die Pilze auf beiden Seiten dünn mit Öl besprühen oder bepinseln.

4 Austernpilze auf jeder Seite etwa 3 Minuten
grillen. Die Pilze salzen, pfeffern und mit der
Sauce Tartar servieren.

INFO

Sprühflaschen (speziell für Speiseöl)
helfen beim Fettsparen. Es gibt sie im
Haushaltswarengeschäft.

GEBRATENER

TOFU

MIT TOMATENSALSA

**Pro Port.: 620 kJ/147 kcal • Chol.: 0 mg
F: 7 g • E: 13 g • KH: 7 g • Ballastst.: 3 g**

reicht für 4   dauert 20 Minuten

**2 Knoblauchzehen • 500 g Tomaten •
2 Frühlingszwiebeln • 1/2 Bund Basilikum • 1/2 Bund Petersilie • 1 EL Sherryessig • 2 EL Sojasauce • Salz • frisch
gemahlener Pfeffer • 400 g geräucher-
ter Tofu • 2 TL Olivenöl**

1 Die Knoblauchzehen abziehen und fein hacken. Die Tomaten waschen, die Stielansätze
entfernen und das Fruchtfleisch in kleine Würfel
schneiden.

2 Die Frühlingszwiebeln waschen, putzen und
in feine Ringe schneiden. Basilikum und Petersilie waschen und trockenschwenken. Die Blättchen abzupfen und fein schneiden.

3 Tomaten, Frühlingszwiebeln, Basilikum,
Petersilie, Knoblauch, Essig und 1 Esslöffel Sojasauce vermischen. Die Tomatensalsa mit Salz
und Pfeffer abschmecken und etwas durchziehen lassen.

4 Den Tofu in 5 Millimeter dicke Scheiben
schneiden. Das Öl in einer beschichteten oder
gusseisernen Pfanne erhitzen. Den Tofu darin
auf beiden Seiten anbraten.

5 Tofu mit 1 Esslöffel Sojasauce ablöschen und
die Flüssigkeit verdampfen lassen.

6 Den gebratenen Tofu auf einer Platte anrichten, die Tomatensalsa darauf verteilen.

✪ Probieren Sie den gebratenen Räuchertofu
auch einmal mit Zucchinisalsa (S. 34).

AUBERGINEN RÖLLCHEN MIT KRÄUTERN

**Pro Port.: 658 kJ/156 kcal • Chol.: 8 mg
F: 7 g • E: 8 g • KH: 15 g • Ballastst.: 9 g**

reicht für 4   dauert 40 Minuten

**1 kg Auberginen • 1 EL Olivenöl • Salz •
300 g Tomaten • 3 Frühlingszwiebeln
• 2 Zweige Oregano • 1 Bund Basilikum
• 1 Knoblauchzehe • 40 g Pecorino oder
Parmesan • 1 Scheibe Vollkorntoast (25 g)
• 1 EL Zitronensaft • frisch gemahlener
Pfeffer**
außerdem
**1 Bogen Backpapier • 12 Zahnstocher
aus Holz**

1 Den Backofen auf 200 °C (Umluft 180 °C, Gas Stufe 3–4) vorheizen. Die Auberginen waschen, putzen und längs in 1 Zentimeter dicke Scheiben schneiden. Ein Backblech mit Backpapier auslegen, mit 1/2 Esslöffel Öl bepinseln.

2 Die Auberginenscheiben nebeneinander auf das Backpapier legen, leicht salzen, mit 1/2 Esslöffel Öl besprühen oder bepinseln und insgesamt 20 Minuten backen. Die Auberginen nach 10 Minuten einmal umdrehen.

3 In der Zwischenzeit die Tomaten waschen, von den Stielansätzen befreien und klein würfeln. Frühlingszwiebeln waschen, putzen und in feine Ringe schneiden. Kräuter waschen, trockenschwenken und die Blättchen grob hacken. Knoblauch abziehen und grob hacken.

4 Den Käse fein reiben. Das Brot toasten und fein zerbröseln.

5 Im Cutter oder mit dem Mixstab Kräuter, Knoblauch, Brot, Käse und Zitronensaft pürieren. Die Kräuterpaste mit Tomaten und Frühlingszwiebeln vermischen und die Masse mit Salz und Pfeffer abschmecken.

6 Auf jeder Auberginenscheibe 1 Esslöffel der Masse verstreichen. Die Auberginenscheiben einzeln aufrollen und mit Zahnstochern feststecken (ergibt etwa 12 Auberginenröllchen).

Auberginen saugen sich, in der Pfanne gebraten, wie ein Schwamm mit Fett voll. Die schlanke Lösung: Auberginenscheiben im Backofen backen und dann mit einer raffinierten Paste füllen.

Avocado enthält wertvolle ungesättigte Fettsäuren. Darum ist diese cremige Frucht
auch ziemlich kalorienreich. Kein Problem:
Eine kalorienarme, gekochte Kartoffel wird
fein gerieben und mit dem gehaltvollen
Avocadopüree vermischt. Aus dieser prakti-
schen Verbindung entsteht eine schlanke
Creme, die auch auf Vollkornbrot schmeckt.

AVOCADOCREME IM
CHICOREE
SCHIFFCHEN

Pro Port.: 564 kJ/134 kcal • Chol.: 0 mg
F: 9 g • E: 3 g • KH: 10 g • Ballastst.: 4 g

reicht für 4   dauert 15 Minuten

2 Knoblauchzehen • 1 Schalotte • 4 Stängel Petersilie oder Koriandergrün • 2 Tomaten • 1/4 Gurke • 2 große Stauden Chicorée • 100 g gekochte Kartoffeln • 1 reife Avocado • 3 EL Zitronensaft • 1/4 TL abgeriebene Schale von 1 unbehandelten Zitrone • 1 Prise Chilipulver • Salz

1 Knoblauch und Schalotte abziehen und fein hacken. Petersilie oder Koriander waschen, trockenschwenken und fein hacken. Tomaten waschen, von den Stielansätzen befreien und in feine Spalten schneiden. Die Gurke schälen und in feine Scheiben schneiden.

2 Chicorée in einzelne Blätter zerteilen, waschen und abtropfen lassen. Die Kartoffeln pellen und fein reiben.

3 Die Avocado halbieren und den Kern entfernen. Das Fruchtfleisch mit einem Löffel aus der Schale heben und mit einer Gabel zu einem glatten Mus zerdrücken.

4 Das Avocadomus sofort mit Zitronensaft und Zitronenschale vermischen und mit den Quirlen des Handrührgeräts zusammen mit den geriebenen Kartoffeln zu einer glatten Creme vermengen.

5 Die Avocadocreme mit Knoblauch, Schalotte und Petersilie oder Koriander verrühren und mit Chilipulver und Salz abschmecken.

6 Die Avocadocreme in den Chicoréeblättchen appetitlich anrichten und mit Tomatenspalten und Gurkenscheiben garnieren.

TIPP

Die Avocadocreme erst kurz vor dem Essen zubereiten. Püriertes Avocadofleisch verfärbt sich schnell unansehnlich braun.

KNABBER GEMÜSE
MIT TOMATENDIP

**Pro Port.: 357 kJ/85 kcal • Chol.: 0,5 mg
F: 0,7 g • E: 6 g • KH: 13 g • Ballastst.: 6 g**

reicht für 4   dauert 15 Minuten

**200 g Möhren • 200 g Kohlrabi •
1/2 Gurke • 1 rote Paprikaschote •
4 Stangen Staudensellerie • 2 Tomaten
• 200 g Magerjoghurt (0,1 %) • 3 EL italienische Kräutermischung (tiefgekühlt)
• Salz • frisch gemahlener Pfeffer**

1 Das Gemüse waschen. Möhren, Kohlrabi und
Gurke schälen. Die Paprikaschote von Stielansatz, Trennwänden und Kernen befreien. Sellerie
putzen. Alle Gemüse mit Ausnahme der Tomaten in gleichmäßig dünne Streifen schneiden.

2 Die Tomaten von den Stielansätzen befreien,
in Stücke schneiden und im Mixer oder mit dem
Mixstab fein pürieren.

3 Das Tomatenpüree mit dem Joghurt und den
Kräutern glatt rühren und mit Salz und Pfeffer
abschmecken.

4 Die Gemüsesticks auf einer Platte anrichten
und den Tomatendip dazu reichen.

*Kräuterquark mit frisch geraspelten Möhren
wird zu einer köstlich-leichten Creme, die in
Paprikaschiffchen ein echter Hingucker ist.*

Höchste Gefahr für die schlanke Linie
droht abends vor dem Fernseher:
Wer sich bei steigender Spannung in
die Sofaecke kuschelt und tütenweise
Chips knabbert, der verzehrt haufen-
weise überflüssige Kalorien. Gemüsesticks mit einem schlanken Dip fallen
nicht ins Gewicht und verwöhnen
dazu mit reichlich hautverschönern-
den Vitaminen.

TIPP

Ein Genuss für Gaumen und Augen: Servieren Sie Ihren Gästen eine bunte Platte mit verschiedenen leichten Häppchen, z. B. Auberginenröllchen, Avocadocreme in Chicoréeblättchen und Paprikaschiffchen.

TIPP

PAPRIKA
SCHIFFCHEN
MIT MÖHRENCREME

Pro Port.: 487 kJ/116 kcal • Chol.: 0,6 mg
F: 1 g • E: 11 g • KH: 14 g • Ballastst.: 8 g

reicht für 4   dauert 15 Minuten

2 rote Paprikaschoten • 1 gelbe Papri-kaschote • **1 grüne Paprikaschote** • 1 Bund Schnittlauch • **2 Stängel Dill** • **200 g Möhren** • **2 EL Zitronensaft** • 1/4 TL abgeriebene Schale von 1 unbe-handelten Zitrone • **250 g Magerquark** • **Salz** • **1 Prise Chilipulver**

1 Die Paprikaschoten waschen und längs halbie-ren. Stielansätze, Trennwände und Kerne entfer-nen. Die Paprikaschoten in gleich große, nicht zu schmale Schiffchen schneiden.

2 Die Kräuter waschen, trockenschwenken und fein schneiden.

3 Die Möhren schälen, fein reiben und mit Zit-ronensaft und Zitronenschale vermischen.

4 Quark, Möhren, Schnittlauch und Dill mit den Quirlen des Handrührgeräts zu einer glatten Creme vermischen. Die Möhrencreme mit Salz und Chilipulver abschmecken.

5 Mit zwei Teelöffeln aus der Möhrencreme kleine Klößchen formen. Die Klößchen in die Paprikaschnitze setzen. Die Paprikaschiffchen auf einer Platte dekorativ anrichten.

VARIANTE
Die Möhrencreme ist auch ein besonders frischer, superleichter Brotaufstrich. Die Möh-rencremebrötchen mit Gurken- oder Tomaten-scheiben, Paprikastreifen und knackigen Salat-blättchen garnieren.

Salate Hochsais

Große Portionen ganz leicht

Zu viel gegessen? Gibt's nicht mehr, wenn die Sauce, die zarte Blättchen und knackiges Gemüse umhüllt, fettarm zubereitet ist. Soll der Salat saftig, aber nicht fett sein, wird beim Öl gespart. Joghurt, Kefir, Buttermilch, Zitronen- und Orangensaft fließen reichlich, frische Kräuter von mildem Dill über aromatisches Basilikum bis zu herbfrischem Kerbel werden verschwenderisch darüber gestreut.

haben
on

FELDSALAT MIT
SESAM
DRESSING

**Pro Port.: 326 kJ/80 kcal • Chol.: 0,4 mg
F: 3 g • E: 4 g • KH: 8 g • Ballastst.: 6 g**

reicht für 4　　　　　　　dauert 15 Minuten

**150 g Feldsalat • 1 Fenchelknolle • 1 rote
Zwiebel • 1 Orange
für das Dressing
1 EL ungeschälter Sesam • Salz • 150 g
Magerjoghurt (0,1 %) • 1 EL Sherryessig
• 1 EL Zitronensaft • 2 TL Olivenöl •
frisch gemahlener Pfeffer**

1 Feldsalat putzen, waschen und trockenschleudern oder gut abtropfen lassen. Fenchel waschen,
putzen und in feine Streifen schneiden. Zwiebel
abziehen und in feine Ringe schneiden.

2 Die Orange mit einem Messer so dick schälen,
dass auch das Weiße entfernt wird. Die Filets
zwischen den Trennwänden herausschneiden,
dabei den herabtropfenden Saft auffangen.

3 Sesam in einer trockenen Pfanne kurz unter
Rühren anrösten. Sesam mit einer Prise Salz im
Mixer, in der elektrischen Kaffee- oder Mohn-
mühle zerkleinern.

4 Sesam, Joghurt, Essig, Orangen- und Zitronensaft sowie Öl mit dem Schneebesen zu einer
glatten Sauce verrühren. Das Dressing mit Salz
und Pfeffer abschmecken.

5 In einer großen Schüssel Feldsalat, Fenchel
und Zwiebel mit dem Dressing vermischen. Den
Salat mit den Orangenfilets garnieren.

VARIANTE
Das schmeckt im Winter: Fein geschnittener
Endiviensalat, geraspelte Möhren und Äpfel mit
Sesamdressing vermischen.

Statt ganzer Sesamkörner können Sie
auch 1 Teelöffel Sesampaste (Tahin)
für das Dressing verwenden.

Kein Druckfehler:
Es gibt wirklich ein dreigängiges
Menü mit 325 Kilokalorien!
Vorneweg Fenchelsalat mit Sesam, als
Hauptgang Möhren-Tomaten-Suppe
(Rezept S. 62) und zum Dessert Blitz-
schnelle Erdbeercreme (Rezept S. 85).

TIPPS

SALAT

MIT SPROSSEN UND

TOFUDRESSING

**Pro Port.: 356 kJ/85 kcal • Chol.: 0 mg
F: 4 g • E: 5 g • KH: 6 g • Ballastst.: 3 g**

reicht für 4   dauert 20 Minuten

**1 Kopfsalat • 8 EL Alfalfasprossen •
1 Kästchen Kresse • 4 Radieschen •
100 g Möhren • 2 Frühlingszwiebeln**
für das Dressing
**100 g Tofu • je 3 Stängel Petersilie, Dill
und Basilikum • 1 EL Sonnenblumenöl •
1 1/2 EL Zitronensaft • 1 EL Apfelessig •
1 EL Senf • 1 TL Honig • Salz • Chilipulver**

*Auch Mangoldblätter schmecken roh als
Salat. Die Stiele aber gegart verwenden.*

1 Kopfsalat putzen, waschen, trockenschleudern oder abtropfen lassen und in mundgerechte Stücke zerpflücken. Sprossen und abgeschnit-
tene Kresse abbrausen und abtropfen lassen.

2 Radieschen waschen, putzen und in feine
Scheiben schneiden. Möhren schälen und grob
raspeln. Frühlingszwiebeln waschen, putzen
und in feine Ringe schneiden.

3 Für das Dressing den Tofu kalt abspülen,
trockentupfen und in kleine Würfel schneiden.
Die Kräuter waschen, trockenschwenken und
grob hacken.

4 Tofu, Öl, Zitronensaft, Essig, Senf, Honig,
100 Milliliter kaltes Wasser, je eine Prise Salz
und Chilipulver im Mixer auf höchster Stufe zu
einer glatten Creme pürieren.

5 Die Kräuter dazugeben und alles fein pürieren. Das Dressing mit Salz und Chilipulver
abschmecken.

6 Kopfsalat, Radieschen, Möhren und Früh-
lingszwiebeln auf Portionstellern anrichten. Das
Dressing darüber träufeln und den Salat mit
Alfalfasprossen und Kresse garnieren.

TIPPS

Damit aus Tofu vollkommen glatte,
cremige Salatsaucen entstehen,
müssen die Tofustückchen mit den
flüssigen Zutaten auf höchster Stufe
im Mixer püriert werden.

Während einer Diät ist eine ausrei-
chende Versorgung mit Vitaminen
besonders wichtig. Sprossen enthalten Vitalstoffe in hoher Konzentra-
tion. Streuen Sie die belebenden
Winzlinge darum regelmäßig über
den Salat.

KARIBISCHER SALAT MIT MANGO

**Pro Port.: 395 kJ/95 kcal • Chol.: 0 mg
F: 2 g • E: 2 g • KH: 15 g • Ballastst.: 5 g**

reicht für 4   dauert 20 Minuten

1 Eichblattsalat • **1 Möhre** • **1 rote Paprikaschote** • 2 Stangen Staudensellerie • **3 Frühlingszwiebeln** • 4 Stängel Koriandergrün • **1 große reife Mango** • 2 unbehandelte Limetten • **Salz** • 1/4 TL brauner Zucker • **2 TL Sonnenblumenöl** • 1 EL dicke ungesüßte Kokosmilch (aus der Dose oder Packung) • **1 EL Sojasauce** • 1 TL frisch geriebener Ingwer • **1 Prise Chilipulver**

1 Den Blattsalat waschen, putzen, trockenschleudern oder abtropfen lassen und in mundgerechte Stücke zerteilen.

2 Das Gemüse waschen und putzen. Möhre schälen und in feine Stifte schneiden. Paprikaschote von Stielansatz, Trennwänden und Kernen befreien und das Fruchtfleisch in feine Streifen schneiden.

3 Staudensellerie in dünne Scheibchen, Zwiebeln in feine Ringe schneiden. Koriandergrün waschen, trockenschwenken und fein hacken.

4 Die Mango mit einem scharfen Messer dünn schälen. Das Mangofleisch vom Kern schneiden und in dünne Scheiben teilen.

5 1 Limette heiß abwaschen, abtrocknen und 1/2 Teelöffel Limettenschale abreiben. Beide Limetten auspressen.

6 Limettensaft mit einer Prise Salz und braunem Zucker verrühren. Öl, Kokosmilch, Sojasauce und Ingwer mit dem Schneebesen unterrühren. Das Dressing mit Salz und Chili abschmecken.

7 In einer großen Schüssel Eichblattsalat, Möhre, Paprika und Sellerie mit dem Dressing vermischen.

8 Den Salat portionsweise anrichten und mit Mangoscheiben und Frühlingszwiebelringen garnieren.

Öl wird bei diesem fruchtigen Zitrusdressing teilweise durch aromatische Kokosmilch ersetzt.

Blattsalat und saftige Früchte vertragen sich hervorragend. Sie können diesen Salat auch mit frischer Ananas, herbsüßen Grapefruitfilets oder enzymreichen Papayas zubereiten. Auch Birnenschnitze oder Melonenkugeln harmonisieren mit knackigen Salatblättchen – für Abwechslung ist also gesorgt!

GRIECHISCHER BAUERNSALAT

Pro Port.: 645 kJ/153 kcal • Chol.: 6 mg
F: 7 g • E: 8 g • KH: 14 g • Ballastst.: 5 g

reicht für 4   dauert 20 Minuten

1 rote Zwiebel • 1 Löwenzahnsalat (ersatzweise Frisée) • 4 Tomaten • 1 rote Paprikaschote
für das Dressing
2 Knoblauchzehen • 1/2 Gurke (etwa 300 g) • 1 Bund Petersilie • 50 g Feta (Schafskäse) • 150 g Magerjoghurt (0,1 %) • 1 EL Sherryessig • Salz • frisch gemahlener Pfeffer • 8 schwarze Oliven (in Salzlake)

1 Zwiebel abziehen und in feine Ringe schneiden. Löwenzahnsalat waschen, putzen, trockenschleudern oder abtropfen lassen und in kleine Stücke zerteilen.

2 Tomaten waschen, von den Stielansätzen befreien und in schmale Spalten schneiden. Paprikaschote waschen, Stielansatz, Trennwände und Kerne entfernen und das Fruchtfleisch in feine Streifen schneiden.

3 Für das Dressing den Knoblauch abziehen und fein hacken. Die Gurke schälen und grob raspeln. Petersilie waschen, trockenschwenken und fein hacken. Feta fein reiben.

4 Knoblauch, Gurke, Petersilie, Käse, Joghurt und Essig gut verrühren und mit Salz und Pfeffer abschmecken.

5 Löwenzahnsalat, Tomaten, Paprika und Zwiebel mit dem Dressing vermischen und den Salat mit Oliven garnieren.

»QUER DURCHS GEMÜSEBEET«

Pro Port.: 413 kJ/99 kcal • Chol.: 1 mg
F: 2 g • E: 5 g • KH: 14 g • Ballastst.: 6 g

reicht für 4   dauert 20 Minuten

100 g Möhren • 100 g Knollensellerie • 2 EL Zitronensaft • Salz • 1 gelbe Paprikaschote • 1 kleine Fenchelknolle • 50 g junge Spinatblättchen • 4 EL Radieschensprossen • 5 Stängel Petersilie • 1 kleine rote Zwiebel
für das Dressing
1 Knoblauchzehe • 2 Tomaten • 1 kalte gekochte Kartoffel (etwa 100 g) • 150 g Buttermilch • 2 EL Apfelessig • 2 TL Weizenkeimöl • Salz • frisch gemahlener Pfeffer

1 Möhren und Sellerie schälen, fein reiben und mit Zitronensaft und einer Prise Salz vermischen.

2 Paprika und Fenchel waschen und putzen, in feine Streifen schneiden. Spinat verlesen, waschen und in mundgerechte Stücke zerteilen.

3 Sprossen abbrausen und abtropfen lassen. Petersilie waschen, trockenschwenken und fein hacken. Zwiebel abziehen und fein hacken.

4 Für das Dressing den Knoblauch abziehen und hacken. Tomaten waschen, von den Stielansätzen befreien und in Stücke schneiden. Die Kartoffel pellen und fein reiben. Knoblauch, Tomaten, Kartoffel, Buttermilch, Essig und Öl mit dem Mixstab pürieren. Das Dressing mit Salz und Pfeffer abschmecken.

5 Möhren, Sellerie, Paprika, Fenchel, Spinat und Zwiebel mit dem Dressing vermischen. Den Salat mit Sprossen und Petersilie bestreuen.

Auch beim Abnehmen müssen Sie nicht auf den beliebten griechischen Salat mit Schafskäse verzichten. Allerdings kommt der würzige Käse nicht in großen Stücken daher, sondern wird fein gerieben und in das Joghurtdressing gemischt. Der schlanke Effekt: viel Aroma und wenig Fett!

JAPANISCHER KOHLSALAT

Pro Port.: 639 kJ/153 kcal • Chol.: 0 mg
F: 7 g • E: 11 g • KH: 10 g • Ballastst.: 8 g

reicht für 4   dauert 20 Minuten

400 g junger Weißkohl • Salz • 1 Zwiebel • 2 Knoblauchzehen • 1 Paprikaschote • 100 g Mungobohnensprossen • 250 g Tofu • 3 EL Sojasauce • 3 EL Limettensaft • 1 TL frisch geriebener Ingwer • 1 EL Sojaöl • 1 Prise Chilipulver • 1 EL fein geschnittenes Koriandergrün

1 Weißkohl abspülen und den Strunk herausschneiden. Den Kohl fein hobeln, mit wenig Salz vermischen und etwas durchziehen lassen.

2 Zwiebel und Knoblauch abziehen. Zwiebel in feine Ringe, Knoblauch in feine Scheiben schneiden. Paprikaschote waschen, Stielansatz, Trennwände und Kerne entfernen und das Fruchtfleisch in feine Streifen schneiden. Die Sprossen in einem Sieb abbrausen und abtropfen lassen.

3 Tofu kalt abwaschen, trockentupfen und in kleine Würfel schneiden.

4 Für das Dressing 1 Esslöffel Sojasauce, Limettensaft und Ingwer verrühren.

5 Das Öl im Wok erhitzen. Zwiebel und Knoblauch darin unter Rühren kurz anrösten. Tofu dazugeben und kurz unter Rühren anbraten.

6 Die Sprossen dazugeben. Alles unter Rühren 1 Minute braten. Mit 2 Esslöffel Sojasauce ablöschen, kurz erhitzen.

7 Den Wokinhalt in einer großen Schüssel mit Weißkohl, Paprika und Dressing vermischen, mit Salz und Chili abschmecken. Den Kohlsalat mit Koriander bestreut servieren.

Eine Portion Naturreis ergänzt den japanischen Kohlsalat zum kompletten Abendessen.

INFO

Tofu – 100 Gramm haben nur 84 Kilokalorien – ist cholesterinfrei, enthält hochwertiges Eiweiß und Phytoöstrogene, schützende pflanzliche Hormone. Gründe genug, dieses Lebensmittel aus Fernost regelmäßig zu essen.

PROVENZALISCHER
SALAT MIT
BLUMENKOHL

**Pro Port.: 425 kJ/102 kcal • Chol.: 0 mg
F: 4 g • E: 6 g • KH: 9 g • Ballastst.: 8 g**

reicht für 4   dauert 20 Minuten

**800 g Blumenkohl • 1 Zitrone • Salz •
300 g Tomaten • 2 Frühlingszwiebeln •
8 schwarze Oliven (aus der Salzlake) • 3 EL
italienische Kräuter (tiefgekühlt) • 2 EL
Aceto balsamico • 1 TL Olivenöl • frisch
gemahlener Pfeffer**

1 Blumenkohl putzen, waschen und in kleine
Röschen zerteilen.

2 Den Blumenkohl in einem Siebeinsatz über
Wasserdampf zugedeckt in 8 Minuten bissfest
garen.

3 Zitrone auspressen. Zitronensaft mit wenig
Salz verrühren. Den Blumenkohl mit dem Zitronensaft vermischen und abkühlen lassen.

4 Tomaten waschen, von den Stielansätzen
befreien und in sehr kleine Würfel schneiden.
Frühlingszwiebeln waschen, putzen und in
Ringe schneiden. Oliven entsteinen und in
dünne Scheiben schneiden.

5 Tomaten, Frühlingszwiebeln, Oliven, Kräuter,
Essig und Öl vermischen. Das Tomatendressing
mit Salz und Pfeffer abschmecken.

6 Den marinierten Blumenkohl mit dem Dressing vermischen.

*Frische Tomaten sind bei diesem Rezept ein-
mal keine Salatzutat, sondern geben dem
Dressing ein fruchtiges Aroma.*

Tomatendressings helfen Fett sparen:
Klein geschnittene Tomatenwürfel-
chen mit Essig, wenig Öl und Salz vermischt, bilden schon bald reichlich
würzigen Tomatensaft. So bekommen
Sie viel Dressing mit wenig Kalorien.

TIPP

Spargel ist das Leichtgewicht unter den sowieso schon kalorienarmen Gemüsen. 100 Gramm gekochter Spargel enthalten gerade mal 13 Kilokalorien. Nutzen Sie darum die Spargelsaison, und bringen Sie das edle Stangengemüse oft auf den Tisch. Verzichten sollten Sie jedoch auf die klassische Sauce hollandaise – sie ist besonders fett- und cholesterinreich.

TIPP

KRÄUTERWÜRZIGER
SPARGEL
SALAT

**Pro Port.: 503 kJ/122 kcal • Chol.: 0 mg
F: 2 g • E: 10 g • KH: 13 g • Ballastst.: 8 g**

reicht für 4   dauert 20 Minuten
                                mariniert 30 Minuten

2 kg weißer Spargel • Salz • 3 Zitronenscheiben • 2 TL Sonnenblumenöl • 2 EL Sherryessig • 3 EL Zitronensaft • frisch gemahlener Pfeffer • 1 Bund Kerbel • 200 g Cocktailtomaten

1 Den Spargel waschen und schälen. Die holzigen Enden abschneiden.

2 Reichlich Salzwasser mit den Zitronenscheiben zum Kochen bringen. Den Spargel darin bissfest kochen. Den Spargel aus dem Topf heben und in eine große flache Schüssel legen. 500 Milliliter Spargelwasser abmessen.

3 Mit dem Schneebesen das Kochwasser, Öl, Essig und Zitronensaft verrühren. Das Dressing mit Salz und Pfeffer abschmecken.

4 Den Kerbel waschen und trockenschwenken. Einige Blättchen für die Garnitur beiseite legen. Den restlichen Kerbel fein hacken und unter das Dressing mischen.

5 Den Spargel mit dem Dressing übergießen und 30 Minuten marinieren lassen.

6 Die Cocktailtomaten waschen und halbieren. Den Spargel aus der Marinade heben, auf eine Platte legen und mit Tomaten und Kerbelblättchen garnieren.

Diesen Salat können Sie auch mit grünem Spargel zubereiten. Dieser muss nicht geschält werden und schmeckt außerdem intensiver als weißer.

MAROKKANISCHER PAPRIKA SALAT

**Pro Port.: 470 kJ/112 kcal • Chol.: 4 mg
F: 2 g • E: 6 g • KH: 16 g • Ballastst.: 8 g**

reicht für 4 dauert 45 Minuten

**je 3 rote und gelbe Paprikaschoten •
2 Knoblauchzehen • 4 Blättchen frische
Minze • 300 g fettarmer Joghurt (1,5 %)
• 1 TL Olivenöl • 2 EL Sherryessig • Salz
• frisch gemahlener Pfeffer • 1/2 TL
gemahlener Kreuzkümmel (Cumin) •
1/2 TL gemahlener Koriander**

1 Den Backofen auf 200 °C (Umluft 180 °C, Gas Stufe 3–4) vorheizen. Die Paprikaschoten waschen, trockentupfen und auf der mittleren Schiene des Backofens etwa 20 Minuten backen, bis die Haut dunkle Blasen bildet. Die Schoten in dieser Zeit einmal wenden.

2 Die gebackenen Paprikaschoten in einem Gefrierbeutel etwas abkühlen lassen, mit einem spitzen Messer leicht anstechen und den Paprikasaft auffangen. Die Haut abziehen, Stielansätze, Trennwände und Kerne entfernen und das Fruchtfleisch in breite Streifen schneiden.

3 Knoblauch abziehen und fein hacken. Minze waschen, trockenschwenken und fein schneiden. Joghurt mit Paprikasaft, Olivenöl und Essig glatt rühren. Knoblauch und Minze unterrühren. Das Dressing mit Salz und Pfeffer abschmecken.

4 Kreuzkümmel und Koriander kurz in einer Pfanne unter Rühren anrösten. Die Gewürze unter das Dressing rühren.

5 Paprikastreifen mit dem Dressing vermischen. Den Salat mit Salz und Pfeffer abschmecken und etwas durchziehen lassen.

VARIANTEN

⭐ Statt Kreuzkümmel und Koriander 3 Esslöffel italienische Kräutermischung (tiefgekühlt) mit dem Dressing vermischen.

⭐ Nach diesem einfachen Grundrezept können Sie auch Zucchini- oder Auberginensalat zubereiten. Zucchini und Auberginen in 1 Zentimeter dicke Scheiben schneiden, im Backofen 20 Minuten backen, dabei einmal wenden. Zucchini- oder Auberginenscheiben in Streifen schneiden und mit dem Joghurtdressing marinieren.

Das schmeckt nach Urlaub: Paprikastreifen mit einem leichten, exotisch gewürzten Joghurtdressing.

BUNTER KARTOFFEL SALAT

Pro Port.: 686 kJ/164 kcal • Chol.: 3 mg F: 3 g • E: 6 g • KH: 27 g • Ballastst.: 6 g

reicht für 4 · dauert 30 Minuten · mariniert 30 Minuten

500 g fest kochende Kartoffeln • 1 rote Zwiebel • 100 ml Gemüsebrühe • 1 Prise geriebene Muskatnuss • 1 EL Sherryessig • 2 EL Zitronensaft • 2 TL Olivenöl • 1 rote Paprikaschote • 1/2 Gurke • 2 Stangen Staudensellerie • 4 Stängel Petersilie • 200 g fettarmer Joghurt (1,5 %) • 1 EL Dijon Senf • Salz • frisch gemahlener Pfeffer

1 Die Kartoffeln waschen, über Wasserdampf oder in wenig Wasser weich kochen. Kartoffeln etwas abkühlen lassen, pellen und in dünne Scheiben schneiden. Die Zwiebel abziehen und fein hacken.

2 Gemüsebrühe zum Kochen bringen und mit Muskat würzen. Kartoffeln und Zwiebeln zuerst mit dem Essig, dem Zitronensaft und der heißen Gemüsebrühe, dann mit dem Öl vermischen. Den Kartoffelsalat mindestens 30 Minuten durchziehen lassen.

3 Paprikaschote waschen, Stielansatz , Trennwände und Kerne entfernen und das Fruchtfleisch klein würfeln. Gurke schälen und in feine Scheiben hobeln. Staudensellerie waschen, putzen und in dünne Scheiben schneiden. Petersilie waschen, trockenschwenken und fein hacken.

4 Joghurt, Senf und Petersilie mit dem Schneebesen verrühren.

5 Kartoffelsalat mit Paprika, Gurke, Sellerie, und Joghurtdressing vermischen. Den Salat mit Salz und Pfeffer abschmecken.

Kohl- & Suppen

Ideal zum Abnehmen

Diese Suppen füllen den Magen mit einem Minimum an Kalorien und liefern dem Körper dabei eine Menge wertvoller Mineralien, Vitamine und Biostoffe. Essen Sie ruhig etwas mehr davon – am besten regelmäßig eine doppelte Portion als Hauptmahlzeit. Aber Suppen sind nicht nur schlanke Nahrung für den Körper, mit ihrer angenehmen Wärme beruhigen Sie auch gestresste Gemüter.

andere

KRAUT- UND RÜBENSUPPE

Pro Port.: 445 kJ/106 kcal • Chol.: 1 mg
F: 4 g • E: 4 g • KH: 11 g • Ballastst.: 5 g

reicht für 8   dauert 40 Minuten

2 Zwiebeln • 4 Knoblauchzehen • 200 g rote Bete • 200 g Möhren • 200 g Knollensellerie • 100 g Petersilienwurzel • 600 g Weißkohl • 1 Bund Dill • 2 EL Öl • 2 l Gemüsebrühe • 1 Lorbeerblatt • 1 Prise geriebene Muskatnuss • 1 Nelke • 1 TL frisch geriebener Ingwer • 1 TL abgeriebene Schale von 1 unbehandelten Zitrone • 2 EL Zitronensaft • Salz • frisch gemahlener Pfeffer • 200 g fettarmer Joghurt (1,5 %)

1 Zwiebeln und Knoblauch abziehen, fein hacken. Die Wurzelgemüse schälen und putzen. Rote Bete, Möhren und Sellerie in gleichmäßig kleine Würfel, Petersilienwurzel in feine Stifte schneiden.

2 Weißkohl waschen und den Strunk entfernen. Den Kohl in dünne Streifen schneiden. Dill waschen, trockenschwenken und fein hacken.

3 Das Öl in einem großen Topf erhitzen. Zwiebeln und Knoblauch darin bei milder Hitze glasig dünsten, dann bei mittlerer Hitze unter Rühren goldgelb braten.

4 Mit Gemüsebrühe aufgießen. Die Gemüsebrühe zum Kochen bringen. Rote Bete, Möhren, Sellerie und Petersilienwurzel hinzufügen. Die Suppe mit Lorbeerblatt, Muskat, Nelke, Ingwer und Zitronenschale würzen und zugedeckt 5 Minuten bei schwacher Hitze kochen.

5 Weißkohl untermischen. Die Suppe noch 10 Minuten leise kochen. Die Gemüse sollen weich sein, aber noch Biss haben. Die Suppe mit Zitronensaft, Salz und Pfeffer abschmecken.

6 Joghurt und Dill verrühren. Die Dillsauce mit Salz und Pfeffer abschmecken und separat servieren. Bei Tisch erhält jeder in seine knallrote Suppe einen Klecks Dilljoghurt.

Prima fürs Büro: Eine Portion Suppe mitnehmen und in der Mikrowelle aufwärmen.

UNGARISCHE KOHLSUPPE

Pro Port.: 424 kJ/101 kcal • Chol.: 5 mg
F: 5 g • E: 3 g • KH: 10 g • Ballastst.: 4 g

reicht für 8   dauert 45 Minuten

2 Zwiebeln • 2 Knoblauchzehen • 300 g Kartoffeln • 800 g Weißkohl • 1/2 Bund Petersilie • 2 EL Öl • Salz • 2 l Gemüsebrühe • 1 TL Kümmel • 1 Prise scharfes Paprikapulver • 2 TL edelsüßes Paprikapulver • 1 TL Thymian • 100 g saure Sahne (10 %) • 1 TL Mehl

1 Zwiebeln und Knoblauch abziehen, fein hacken. Kartoffeln schälen und in dünne Scheiben schneiden.

2 Den Weißkohl waschen und den Strunk entfernen. Weißkohl in feine Streifen schneiden. Petersilie waschen, trockenschwenken und fein hacken.

3 Das Öl in einem Topf erhitzen. Zwiebeln darin zuerst bei milder Hitze glasig dünsten, dann bei mittlerer Hitze unter Rühren goldgelb braten. Knoblauch, Kartoffeln und Kohl dazugeben, leicht salzen. Alles unter Rühren kurz anbraten.

4 Gemüse mit der Brühe aufgießen, mit Kümmel, Paprika und Thymian würzen. Die Suppe zugedeckt 15 Minuten leise kochen lassen.

5 Saure Sahne mit dem Mehl glatt rühren und unter die Suppe mischen. Die Suppe noch 1 Minute schwach kochen lassen, mit Petersilie bestreut servieren.

TIPP

Kochen Sie gleich einen großen Topf Kohlsuppe, sie schmeckt auch aufgewärmt! Ein Süppchen zwischendurch besänftigt jeden Hunger.

KREOLISCHE KOHLSUPPE

Pro Port.: 403 kJ/96 kcal • Chol.: 0 mg
F: 2 g • E: 4 g • KH: 13 g • Ballastst.: 7 g

reicht für 8   dauert 45 Minuten

4 rote Paprikaschoten • 400 g Tomaten • 2 Zwiebeln • 4 Knoblauchzehen • 800 g Weißkohl • 1 Bund Basilikum • 1 1/2 l Gemüsebrühe • 1 EL Öl • 1 TL Thymian • 1 TL Oregano • Salz • frisch gemahlener Pfeffer

1 Den Backofen auf 200 °C (Umluft 180 °C, Gas Stufe 3–4) vorheizen. Paprikaschoten und Tomaten waschen, trockentupfen und auf der mittleren Schiene des Backofens etwa 20 Minuten backen, bis die Haut der Paprika dunkle Blasen bildet. Die Schoten in dieser Zeit einmal wenden.

2 In der Zwischenzeit Zwiebeln und Knoblauch abziehen, fein hacken. Kohl waschen und den Strunk entfernen. Den Kohl in dünne Streifen schneiden. Basilikum waschen, trockenschwenken und die Blättchen fein schneiden.

3 Gemüsebrühe mit Öl, Thymian und Oregano zum Kochen bringen. Zwiebeln und Knoblauch einrühren, zugedeckt 15 Minuten kochen. Weißkohl dazugeben und zugedeckt weitere 7 Minuten kochen.

4 Die gegrillten Paprikaschoten in einem Gefrierbeutel etwas abkühlen lassen. Die Tomaten abziehen und die Stielansätze entfernen. Die Paprikaschoten abziehen, Stielansätze, Trennwände und Kerne entfernen.

5 Paprika und Tomaten im Mixer oder mit dem Mixstab pürieren.

6 Die Paprika-Tomaten-Sauce in die Suppe rühren. Die Suppe noch 2 Minuten leise kochen lassen, mit Salz und Pfeffer abschmecken und von der Kochstelle nehmen. Vor dem Servieren das Basilikum unterrühren.

Diese Kohlsuppe schmeckt auch mit getrockneten Steinpilzen. Dafür
60 Gramm getrocknete Steinpilze in 500 Milliliter heißem Wasser 30 Minuten
einweichen. Pilze abgießen, das Einweichwasser auffangen und durch ein
feines Sieb gießen. Die Pilze putzen und in kleine Stücke schneiden. Kohlsuppe mit 1 Liter Gemüsebrühe und dem Einweichwasser zubereiten. Die gequol-
lenen Steinpilze anbraten und 6 Minuten in der Suppe mitkochen.

KOHLSUPPE
MIT PFIFFERLINGEN

Pro Port.: 373 kJ/89 kcal • Chol.: 0 mg
F: 2 g • E: 4 g • KH: 11 g • Ballastst.: 7 g

reicht für 8   dauert 50 Minuten

1 Zwiebel • **2 Knoblauchzehen** • **200 g Kartoffeln** • **200 g Möhren** • **2 Stangen Staudensellerie** • **600 g Weißkohl** • **400 g Tomaten** • **300 g Pfifferlinge** • **1/2 Bund Petersilie** • **1 1/2 l Gemüsebrühe** • **1 TL Thymian** • **1 Prise gemahlener Piment** • **1 Prise geriebene Muskatnuss** • **1 EL Öl** • **Salz** • **frisch gemahlener Pfeffer**

1 Zwiebel und Knoblauch abziehen, fein hacken. Kartoffeln und Möhren schälen, Sellerie waschen und putzen. Kartoffeln, Möhren und Sellerie in dünne Scheiben schneiden. Weißkohl waschen, den Strunk entfernen und die Blätter in feine Streifen schneiden.

2 Tomaten überbrühen und abziehen, Stielansätze herausschneiden und das Fruchtfleisch klein würfeln.

3 Pfifferlinge putzen, wenn nötig abbrausen und trockentupfen, in Streifen schneiden. Petersilie waschen, trockenschwenken und fein hacken.

4 Die Gemüsebrühe zum Kochen bringen. Zwiebel und Knoblauch dazugeben, zugedeckt 10 Minuten kochen.

5 Kartoffeln, Möhren und Sellerie hinzufügen, mit Thymian, Piment und Muskat würzen. Die Suppe 7 Minuten kochen. Den Kohl dazugeben und zusammen weitere 6 Minuten leise kochen lassen.

6 Das Öl in einer Pfanne erhitzen. Die Pfifferlinge darin 3 Minuten unter Rühren braten.

7 Pfifferlinge und Tomaten mit der Suppe vermischen. Die Suppe noch 3 Minuten leise kochen lassen, von der Kochstelle nehmen, mit Salz und Pfeffer abschmecken und mit Petersilie bestreut servieren.

Die Kohlsuppenvariante mit frischen Pfifferlingen ist die ideale Herbstsuppe – sie wärmt von innen und sorgt dafür, dass Sie keinen Winterspeck ansetzen.

MÖHREN TOMATEN SUPPE

**Pro Port.: 483 kJ/115 kcal • Chol.: 3 mg
F: 4 g • E: 4 g • KH: 14 g • Ballastst.: 6 g**

reicht für 4   dauert 40 Minuten

1 Zwiebel • **2 Knoblauchzehen** • **300 g Möhren** • **1 Bund Schnittlauch** • **500 g Tomaten** • **2 Scheiben Vollkorntoast (à 25 g)** • **1 TL Butter** • **Salz** • **2 TL Olivenöl** • **600 ml Gemüsebrühe** • **1/2 TL Basilikum** • **1/2 TL Oregano** • **1 Prise geriebene Muskatnuss**

1 Zwiebel und Knoblauch abziehen, fein hacken. Möhren schälen und in dünne Scheiben schneiden. Schnittlauch waschen, trockentupfen und in feine Röllchen schneiden.

2 Tomaten überbrühen, abziehen, die Stielansätze entfernen und das Fruchtfleisch in Stücke schneiden.

3 Backofen auf 200 °C (Umluft 180 °C, Gas Stufe 3–4) vorheizen. Brote dünn mit Butter bestreichen, leicht salzen und in kleine Würfel schneiden. Brotwürfel auf ein Backblech legen und im vorgeheizten Backofen etwa 7 Minuten rösten, dabei einmal wenden.

4 Das Öl in einem beschichteten Topf erhitzen, Zwiebel und Knoblauch darin bei milder Hitze glasig dünsten. Möhren dazugeben, kurz unter Rühren anbraten, leicht salzen.

5 Die Gemüsebrühe zu den Möhren gießen, mit Basilikum, Oregano und Muskat würzen. Die Möhren zugedeckt in etwa 8 Minuten bissfest garen.

6 Die Tomaten dazugeben. Die Suppe weitere 5 Minuten leise kochen lassen und anschließend im Mixer oder mit dem Mixstab fein pürieren.

7 Die Möhren-Tomaten-Cremesuppe mit Schnittlauch bestreut servieren. Die gerösteten Brotwürfel dazu reichen.

VARIANTE
Eine köstliche Herbstsuppe: Ersetzen Sie die Möhren durch Kürbis. Und würzen Sie mit fein geriebenem frischem Ingwer und fein gehacktem frischem Thymian.

Feine Suppe in dem kräftigen Rot von Möhren und Tomaten, die gesunde sekundäre Pflanzenstoffe beisteuern.

Tiefgekühlte junge Erbsen sind ein zartes und empfindliches Gemüse. Sie haben darum auch nicht – wie auf der Packung angegeben – eine endlose Garzeit von 7 Minuten, sondern sind bereits nach 1 bis 2 Minuten fertig. So bleiben die Erbsen knackig rund, behalten ihr feines Aroma und die strahlend grüne Farbe.

ERBSEN PORREE SUPPE

Pro Port.: 399 kJ/95 kcal • Chol.: 0 mg
F: 1 g • E: 5 g • KH: 13 g • Ballastst.: 5 g

reicht für 4   dauert 20 Minuten

100 g Kartoffeln • 200 g Porree • 4 Stängel Petersilie • 1 Stängel Minze • 1 l Gemüsebrühe • 1 Prise geriebene Muskatnuss • 1/2 TL Liebstöckel • 200 g junge Erbsen (tiefgekühlt) • 2 TL Zitronensaft • Salz • frisch gemahlener Pfeffer

1 Kartoffeln schälen und in sehr dünne Scheiben schneiden. Porree putzen, längs halbieren, waschen und in feine Streifen schneiden.

2 Petersilie und Minze waschen und trockenschwenken, die Petersilie fein hacken. Die Minzeblättchen abzupfen, 4 Blättchen fein hacken, die restlichen für die Garnitur beiseite legen.

3 Die Gemüsebrühe zum Kochen bringen, Kartoffeln, Porree, Muskat und Liebstöckel dazugeben. Zugedeckt 7 Minuten leise kochen. Die Gemüse sollen weich sein, aber nicht zerfallen.

4 Die tiefgekühlten Erbsen dazugeben und noch 2 Minuten kochen.

5 Suppe im Mixer oder mit dem Mixstab pürieren. Die Suppe durch ein Sieb streichen, mit Zitronensaft, Salz und Pfeffer abschmecken. Gehackte Petersilie und Minze unterrühren.

6 Die Suppe auf Teller verteilen und mit Minzeblättchen garnieren.

VARIANTE
Erbsen-Porree-Suppe schmeckt im Sommer auch eisgekühlt, sie erfrischt, sättigt und liefert dabei fast keine Kalorien.

MISOSUPPE »LIGHT«

Pro Port.: 239 kJ/57 kcal • Chol.: 0 mg
F: 1 g • E: 4 g • KH: 5 g • Ballastst.: 5 g

reicht für 4   dauert 15 Minuten

200 g Möhren • 200 g Porree • 50 g Spinat • 80 g Reis- oder Gerstenmiso • 500 ml Gemüsebrühe • 1 TL frisch geriebener Ingwer

1 Möhren schälen und in 3 Millimeter dicke Scheibchen schneiden. Porree putzen, längs halbieren, waschen und in feine Streifen schneiden.

2 Spinat verlesen und waschen. Kleine Spinatblättchen ganz lassen, große Blätter in mundgerechte Stücke zerteilen.

3 Miso in einem Schälchen mit 4 Esslöffel kaltem Wasser glatt rühren.

4 Gemüsebrühe mit 1/2 Liter Wasser zum Kochen bringen. Möhren, Porree und Ingwer hinzufügen und 4 Minuten leise kochen lassen.

5 Den Spinat unterrühren und einen Moment erhitzen.

6 Die Suppe von der Kochstelle nehmen. Miso einrühren und die Suppe sofort servieren.

Miso ist eine würzige, fermentierte Paste aus Getreide und/oder Sojabohnen. Wichtig: Kaufen Sie unpasteurisiertes Miso, das enthält noch die lebenden Milchsäurebakterien. Misosuppen nicht mehr aufkochen, das zerstört die wertvollen Mikroorganismen, die für eine gesunde Verdauung sorgen und Schadstoffe bekämpfen. Miso gibt es in asiatischen Lebensmittelgeschäften oder im Naturkostladen.

THAI GEMÜSESUPPE

Pro Port.: 672 kJ/160 kcal • Chol.: 0 mg
F: 1 g • E: 7 g • KH: 26 g • Ballastst.: 7 g

reicht für 4   dauert 30 Minuten

100 g feine Glasnudeln • 1 Knoblauchzehe • 300 g Champignons • 200 g Brokkoli • 100 g Möhren • 2 Frühlingszwiebeln • 4 Stängel Koriandergrün • 800 ml Gemüsebrühe • 200 ml ungesüßte Kokosmilch (aus der Dose oder Packung) • 1 TL frisch geriebener Ingwer • 1 TL Currypulver • 1/2 TL abgeriebene Schale von 1 unbehandelten Limette oder Zitrone • 2 TL Sojasauce • Salz • 1 Prise Chilipulver • 2 EL Limetten- oder Zitronensaft

1 Glasnudeln 5 Minuten in warmem Wasser einweichen. Nudeln in ein Sieb abgießen und abtropfen lassen.

2 Knoblauch abziehen und fein hacken. Pilze putzen und vierteln. Brokkoli putzen, waschen und in kleine Röschen zerteilen.

3 Möhren schälen und in dünne Scheiben schneiden. Frühlingszwiebeln waschen, putzen und in feine Ringe schneiden. Koriandergrün waschen, trockenschwenken und fein hacken.

4 Gemüsebrühe, Kokosmilch, Ingwer, Curry und Zitrusschale 5 Minuten leise kochen lassen.

5 Brokkoli, Möhren und Pilze dazugeben. Die Suppe zugedeckt bei schwacher Hitze 8 Minuten kochen. Die abgetropften Nudeln untermischen und noch 2 Minuten garen.

6 Die Suppe von der Kochstelle nehmen, mit Sojasauce, Salz, Chili und Zitrussaft abschmecken, mit Koriander bestreut servieren.

Eine bunte Gemüsesuppe einmal à la Thai, geschmacklich abgerundet mit Kokosmilch.

FRÜHLINGS
SUPPE

**Pro Port.: 395 kJ/94 kcal • Chol.: 6 mg
F: 3 g • E: 5 g • KH: 8 g • Ballastst.: 5 g**

reicht für 4   dauert 30 Minuten

2 Schalotten • 1/2 Bund Petersilie •
1 Bund Kerbel • 400 g weißer Spargel •
100 g Möhren • 100 g Porree • 1/2 EL
Butter • 1 l Gemüsebrühe • 1/2 TL abgeriebene Schale von 1 unbehandelten
Zitrone • 1 Prise geriebene Muskatnuss
• 1 TL Liebstöckel • 100 g junge Erbsen
(tiefgekühlt) • **Salz** • frisch gemahlener
Pfeffer

1 Schalotten abziehen und fein hacken. Petersilie und Kerbel waschen, trockenschwenken und
getrennt voneinander fein hacken.

2 Spargel waschen, schälen und die holzigen
Enden abschneiden. Spargel in 2 Zentimeter
lange Stücke schneiden. Möhren schälen, in
5 Millimeter dicke Scheiben schneiden. Porree
putzen, längs halbieren, waschen und in feine
Streifen schneiden.

3 Butter in einem beschichteten Topf schmel-
zen. Schalotten darin bei milder Hitze glasig
dünsten. Petersilie unterrühren, kurz erhitzen.

4 Gemüsebrühe hinzufügen und zum Kochen
bringen. Spargel, Möhren, Porree, Zitronenschale, Muskat und Liebstöckel hinzufügen.

5 Die Suppe zugedeckt bei schwacher Hitze
8 Minuten kochen. Die Gemüse sollen weich
sein, aber noch Biss haben. Erbsen dazugeben
und noch 1 Minute kochen.

6 Die Suppe vom Herd nehmen, mit Salz und
Pfeffer würzen. Kerbel unterrühren und die
Suppe sofort servieren.

*Keine Chance für Suppenkasper – diese hier
löffelt jeder gern aus.*

Die Suppe kann gut im Voraus zubereitet werden. Rühren Sie den Kerbel
aber erst nach dem Aufwärmen dar-
unter: Das Erhitzen würde sein feines
Aroma zerstören.

TIPP
TIPP

Kurz gegart schmecken zarte Gemüse
am besten. Denn ihre feinen Aroma-
stoffe verflüchtigen sich durch zu lan-
ges Kochen. Wichtig ist es, Gemüse
immer gleichmäßig klein zu schneiden, dann sind sie in wenigen Minuten und gleichzeitig weich »mit Biss«.

SIZILIANISCHE LINSENSUPPE

**Pro Port.: 1040 kJ/260 kcal • Chol.: 0 mg
F: 7 g • E: 14 g • KH: 33 g • Ballastst.: 9 g**

reicht für 4   dauert 40 Minuten

200 g Linsen • 1 Zwiebel • 1 Lorbeerblatt • 2 EL Olivenöl • 4 Knoblauchzehen • 400 g Tomaten (oder geschälte Tomaten aus der Dose) • 1 rote Paprikaschote • 1 Stange Staudensellerie • 1 TL Basilikum • 1 TL Thymian • Salz • frisch gemahlener Pfeffer • 2 TL Instant-Gemüsebrühe

1 Die Linsen verlesen, waschen und abtropfen lassen. Zwiebel abziehen und fein hacken.

2 Linsen mit 700 Milliliter kaltem Wasser, Zwiebel, Lorbeerblatt und 1 Esslöffel Öl zum Kochen bringen. Die Linsen je nach Sorte etwa 20 Minuten bei schwacher Hitze kochen. Die Linsen sollen weich sein, dürfen aber nicht zerfallen.

3 In der Zwischenzeit den Knoblauch abziehen und fein hacken. Frische Tomaten überbrühen, abziehen und die Stielansätze entfernen. Das Fruchtfleisch in Stücke schneiden.

4 Paprika und Sellerie waschen. Paprika von Stielansatz, Trennwänden und Kernen befreien. Sellerie putzen. Paprika und Sellerie in kleine Würfel schneiden.

5 In einer beschichteten oder gusseisernen Pfanne 1 Esslöffel Öl erhitzen. Den Knoblauch darin unter Rühren anbraten. Paprika und Sellerie dazugeben, unter Rühren kurz anbraten.

6 Tomaten hinzufügen, mit Basilikum, Thymian, Salz und Pfeffer würzen und in 7 Minuten zu einer Sauce einkochen lassen.

7 Die Tomatensauce unter die fertigen Linsen mischen. Die Linsensuppe mit Instant-Gemüsebrühe würzen und weitere 5 Minuten leise kochen lassen. Linsensuppe mit Salz und Pfeffer abschmecken.

Herz
Hauptge

Schlank ohne Extraaufwand

Man hat festgestellt, dass Vegetarier ganz automatisch weniger Fett essen. Sie sind schlanker als ihre Mitmenschen und fühlen sich dabei rundherum gut versorgt. Ob Pasta, Wokgericht oder Gratin: Bei den üppigen Hauptgerichten aus dem folgenden Kapitel profitieren Sie vom Schlankheitseffekt der vegetarischen Küche. Das Geheimnis ist schnell gelüftet: Die Mahlzeiten bestehen zu über 60 Prozent aus frischem Gemüse, Vollkornprodukten und Hülsenfrüchten.

hafte
richte

SPAGHETTI »FIORENTINA«

Pro Port.: 1443 kJ/344 kcal • Chol.: 6 mg
F: 7 g • E: 15 g • KH: 54 g • Ballastst.: 10 g

reicht für 4   dauert 30 Minuten

**3 Knoblauchzehen • 2 rote Paprikascho-
ten • 2 Frühlingszwiebeln • 400 g Spinat • Salz • 300 g Tomaten • 250 g
Spaghetti • 1 EL Olivenöl • 1/2 TL Thymian • frisch gemahlener Pfeffer • 30 g
frisch geriebener Parmesan**

1 Knoblauch abziehen und fein hacken. Paprikaschoten waschen, Stielansätze, Trennwände
und Kerne entfernen und das Fruchtfleisch in
feine Streifen schneiden. Frühlingszwiebeln
waschen, putzen und in feine Ringe schneiden.

2 Spinat verlesen, waschen und abtropfen lassen. Spinat mit wenig Salz in einen großen Topf
geben, zugedeckt bei mittlerer Hitze in 2 Minuten zusammenfallen lassen. Spinat in einem Sieb
abtropfen lassen und in große Stücke schneiden.

3 Tomaten überbrühen, abziehen, Stielansätze
entfernen und das Fruchtfleisch in Stücke
schneiden.

4 Spaghetti in reichlich Salzwasser bissfest
kochen, abgießen und abtropfen lassen.

5 In der Zwischenzeit für die Sauce das Öl in
einer großen beschichteten Pfanne erhitzen.
Knoblauch und Paprika darin unter Rühren
3 Minuten braten, leicht salzen.

6 Tomaten und Thymian untermischen und die
Sauce zugedeckt 5 Minuten bei schwacher Hitze
kochen lassen.

7 Den Spinat unterrühren. Die Gemüsesauce
kurz erhitzen, mit Salz und Pfeffer abschmecken.

8 Die gut abgetropften Spaghetti mit der Gemüsesauce und den Frühlingszwiebeln vermischen,
mit Salz und Pfeffer abschmecken. Den Käse zu
den Nudeln reichen.

TIPP

So geht's noch schneller: Verwenden
Sie geschälte Tomaten aus der Dose
und tiefgekühlten Blattspinat, den
man über Wasserdampf auftaut und
in Stücke geschnitten mit der Sauce
vermischt.

TAGLIATELLE »EL GRECO«

**Pro Port.: 1371 kJ/328 kcal • Chol.: 5 mg
F: 5 g • E: 15 g • KH: 54 g • Ballastst.: 8 g**

reicht für 4　　　　　dauert 30 Minuten

600 g Porree • 500 g Tomaten • 1 Bund Basilikum • 1 EL Kapern • 40 g Schafskäse (Feta) • 250 g Tagliatelle • Salz • 1/2 EL Olivenöl • frisch gemahlener Pfeffer

1 Porree putzen, dabei die dunkelgrünen Blätter abschneiden, die Stangen längs halbieren, unter fließend kaltem Wasser waschen und in feine Streifen schneiden.

2 Tomaten mit kochendem Wasser überbrühen, abziehen, die Stielansätze entfernen und das Fruchtfleisch in Stücke schneiden.

Wird die Zeit knapp, ist Pasta angesagt. Bei den Rezepten in diesem Kapitel ist die Sauce fertig, bis die Nudeln gar sind.

TIPP

3 Basilikum waschen, trockenschwenken und die Blättchen in feine Streifen schneiden. Kapern hacken. Schafskäse fein reiben.

4 Nudeln in reichlich Salzwasser bissfest kochen, abgießen und abtropfen lassen.

5 In der Zwischenzeit für die Sauce das Öl in einer beschichteten oder gusseisernen Pfanne erhitzen. Porree dazugeben, leicht salzen und unter Rühren 3 Minuten braten.

6 Tomaten unterrühren, mit Salz und Pfeffer würzen. Die Gemüsesauce zugedeckt 7 Minuten leise kochen lassen.

7 Die heißen, gut abgetropften Nudeln mit Gemüse, Basilikum, Kapern und Käse vermischen. Die Tagliatelle mit Salz und frisch gemahlenem Pfeffer abschmecken.

Nudeln sind keine Dickmacher. Sie enthalten fast kein Fett, aber viel Eiweiß und Kohlenhydrate – ideal für eine Diät.

PASTA
»SOPHIA«

**Pro Port.: 1407 kJ/336 kcal • Chol.: 11 mg
F: 7 g • E: 17 g • KH: 50 g • Ballastst.: 8 g**

reicht für 4   dauert 35 Minuten

2 Schalotten • 400 g grüner Spargel •
400 g braune Champignons • 1 Bund
Basilikum • **300 g Cocktailtomaten** •
250 g Tagliatelle • **Salz** • 1/2 EL Butter •
1/2 EL Olivenöl • frisch gemahlener
Pfeffer • **40 g geriebener Parmesan**

1 Schalotten abziehen und fein hacken. Spargel
waschen, die Enden abschneiden. Spargelköpfe
in einer Länge von 3 Zentimeter abschneiden
und beiseite legen. Spargelstangen längs halbieren und in 2 Zentimeter lange Stücke schneiden.

2 Champignons putzen, wenn nötig waschen
und trockentupfen, in dünne Scheiben schneiden. Basilikum waschen, trockenschwenken
und die Blättchen in feine Streifen schneiden.

3 Cocktailtomaten überbrühen, abziehen und
halbieren. Die Nudeln in reichlich Salzwasser
bissfest kochen. Abgießen und abtropfen lassen.

4 Inzwischen Butter und Olivenöl in einer
beschichteten Pfanne erhitzen. Schalotten darin
unter Rühren goldgelb braten.

5 Spargelstücke und -köpfe dazugeben, wenig
salzen und unter Rühren 3 Minuten braten.
Champignons untermischen. Die Gemüse 2 Minuten unter Rühren braten, dann zugedeckt
4 Minuten dünsten.

6 Tomaten vorsichtig untermischen. Die Gemüse noch kurz erhitzen, bis die Tomaten gerade
heiß sind. Mit Salz und Pfeffer abschmecken.

7 Die heißen, gut abgetropften Nudeln mit
Gemüse, Basilikum und Parmesan vermischen.
Mit Salz und Pfeffer abschmecken.

TIPP

Von frischem Parmesan, fein gerieben, sind schon 10 Gramm pro Person genug, um einen kräftigen Käse-
geschmack an die Pasta zu bringen.

Nudelgerichte sind richtige Schlankmacher-
gerichte, wenn die Pasta mit leichtem
Gemüse statt mit Käse-Sahne-Sauce ver-
mischt wird. Beachten Sie aber auch beim
Kochen dieser Gemüsesaucen: Ein Esslöffel
Fett reicht für vier Personen.

GEMÜSE AUS DEM DAMPF

Pro Port.: 480 kJ/120 kcal • Chol.: 5 mg
F: 3 g • E: 7 g • KH: 15 g • Ballastst.: 10 g

reicht für 4   dauert 35 Minuten

2 Schalotten • **100 g Knollensellerie** • **1/2 Bund Petersilie** • **1 Bund Basilikum** • **1/2 EL Butter** • **300 ml Gemüsebrühe** • **1/2 TL abgeriebene Schale von 1 unbehandelten Zitrone** • **1 Prise geriebene Muskatnuss** • **20 g saure Sahne** • **1/2 EL Zitronensaft** • **Salz** • frisch gemahlener **Pfeffer** • **200 g Zuckerschoten** • **300 g Möhren** • **200 g Zucchini** • **300 g Blumenkohl**

1 Für die Sauce Schalotten abziehen und fein hacken. Sellerie schälen, in sehr kleine Würfel schneiden. Petersilie und Basilikum waschen und trockenschwenken. Petersilie fein hacken, Basilikum in feine Streifen schneiden.

2 Die Schalotten in heißer Butter glasig dünsten. Knoblauch und Sellerie kurz mitbraten. Mit Gemüsebrühe aufgießen, mit Zitronenschale und Muskat würzen. 10 Minuten zugedeckt leise kochen lassen.

3 Den Pfanneninhalt mit saurer Sahne, Petersilie und Zitronensaft im Mixer zu einer glatten Sauce pürieren. Mit Salz und Pfeffer abschmecken.

4 Gemüse waschen und putzen. Zuckerschoten ganz lassen. Die Möhren schälen und in 5 Millimeter dicke Scheiben, die Zucchini in 1 Zentimeter dicke Scheiben schneiden. Blumenkohl in kleine Röschen zerteilen.

5 Gemüse zugedeckt in einem Siebeinsatz über Wasserdampf in 8 Minuten bissfest garen. Die Sauce nochmals erwärmen, Basilikum unterrühren. Die Sauce zum Gemüse reichen.

TIPPS

Dazu passen gebackene Folienkartoffeln aus dem Ofen.

Bereiten Sie die doppelte Menge Basilikumsauce zu, und frieren Sie den Rest ein. Wird die Zeit einmal knapp, müssen Sie nur noch das Gemüse dämpfen.

INFO

Vollkommen fettfrei wird Gemüse über Wasserdampf gegart. Eine reichliche Portion (250 Gramm) bunt gemischtes Gemüse hat dann gerade 65 Kilokalorien. Da fällt es überhaupt nicht ins Gewicht, wenn Sie ein zweites Mal zugreifen.
Weitere Vorteile des Dämpfens: Die Vitamine, die strahlenden Farben und das feine Gemüsearoma bleiben erhalten. Damit das Dämpfen mit den kurzen, schonenden Garzeiten funktioniert, müssen die Gemüse jedoch in gleichmäßig kleine Stücke geschnitten werden.

OFENGEMÜSE
MIT TOMATEN
SAUCE

Pro Port.: 685 kJ/163 kcal • Chol.: 0 mg
F: 6 g • E: 7 g • KH: 19 g • Ballastst.: 12 g

reicht für 4   dauert 40 Minuten

600 g Auberginen • 2 rote Paprikaschoten • 8 Frühlingszwiebeln • 6 Tomaten • 300 g große Champignons • 2 EL Olivenöl • Salz • 2 Knoblauchzehen • 1 Bund Basilikum • 3 Zweige Oregano • 1 Zweig Thymian • 1 Zweig Minze • frisch gemahlener Pfeffer
außerdem
Backpapier

1 Gemüse waschen und putzen. Auberginen längs in 1 Zentimeter dicke Scheiben schneiden. Paprikaschoten von Stielansätzen, Trennwänden und Kernen befreien und achteln. Frühlingszwiebeln längs halbieren. Tomaten halbieren, die Stielansätze dabei nicht entfernen. Champignons abreiben, wenn notwendig waschen. Die Champignonstiele herausdrehen und anderweitig verwenden.

2 Backofen auf 200 °C (Umluft 180 °C, Gas Stufe 3–4) vorheizen. Ein Backblech mit Backpapier belegen und mit 1 Esslöffel Öl bepinseln.

3 Die Gemüse nebeneinander auf das Backblech legen. Tomaten mit den Schnittflächen nach oben, Champignons mit den Lamellen nach oben legen.

4 Die Gemüse leicht salzen, mit 1 Esslöffel Öl besprühen oder beträufeln und im vorgeheizten Backofen 20 Minuten backen. Auberginen und Frühlingszwiebeln nach 10 Minuten umdrehen.

5 In der Zwischenzeit den Knoblauch abziehen und fein hacken. Die Kräuter waschen, trockenschwenken und die Blättchen abzupfen. Basilikum in feine Streifen schneiden. Oregano, Thymian und Minze fein hacken.

6 Für die Sauce die gebackenen Tomaten abziehen und die Stielansätze entfernen. Tomaten mit dem Mixstab fein pürieren, mit Knoblauch, Kräutern und dem Saft, der sich in den Champignonköpfen gebildet hat, vermischen. Die Sauce mit Salz und Pfeffer abschmecken.

7 Auberginen, Paprika, Frühlingszwiebeln und Pilze auf einer Platte anrichten. Die Tomatensauce dazu reichen.

VARIANTE
Zum Ofengemüse schmeckt auch Joghurt mit Knoblauch und Kräutern.

Wenig Arbeit, viel Genuss: Wird klein geschnittenes Gemüse im Ofen gebacken, entwickelt es ein intensives Aroma und kann mit einer einfachen Sauce serviert werden.

BROKKOLI IN ORANGEN SAUCE

Pro Port.: 609 kJ/145 kcal • Chol.: 0 mg
F: 6 g • E: 9 g • KH: 13 g • Ballastst.: 8 g

reicht für 4   dauert 30 Minuten

1 kg Brokkoli • 2 Knoblauchzehen •
1 unbehandelte Orange • 2 TL Speise-
stärke • 2 EL Sojasauce • 1/2 TL brauner
Zucker • 2 EL Öl • Salz • 150 ml Gemü-
sebrühe • 1 TL frisch geriebener Ingwer
• 1 Prise Chilipulver

1 Den Brokkoli putzen, waschen und in kleine Röschen zerteilen. Die Brokkolistiele schälen und in 3 Millimeter dicke Stifte schneiden. Knoblauch abziehen und fein hacken.

2 Die Orange heiß abwaschen. Ein Viertel der Orangenschale mit einem scharfen Messer hauchdünn abschneiden und fein hacken.

3 Die Orange auspressen und den Saft mit Speisestärke, Sojasauce und Zucker verrühren.

4 Das Öl im Wok erhitzen. Brokkoli und Knoblauch darin unter Rühren 3 Minuten braten. Leicht salzen, mit Gemüsebrühe aufgießen, mit Orangenschale, Ingwer und Chilipulver würzen und zugedeckt 5 Minuten dünsten.

5 Die Orangensaftmischung unter das Gemüse rühren und kurz erhitzen, bis die Sauce bindet. Brokkoli in Orangensauce mit Salz und Chili abschmecken und auf einer vorgewärmten Platte anrichten.

Vegi-Diät einmal anders: Buntes Gemüse wird kurz im Wok angebraten und typisch asiatisch abgeschmeckt.

TIPP

Essen Sie Naturreis zu diesen asiatischen Gemüsegerichten. Er besitzt wie jedes Vollgetreide mehr Ballaststoffe, aber auch mehr Vitamine und Mineralstoffe als geschälter, heller Reis. Naturreis gibt es im Supermarkt oder in verschiedenen Sorten und Geschmacksrichtungen im Naturkostladen zu kaufen. Rechnen Sie pro Person 50 Gramm ungekochten Naturreis, davon wird man reichlich satt, bei gerade einmal 174 Kilokalorien.

GEMÜSE AUS DEM WOK

**Pro Port.: 563 kJ/135 kcal • Chol.: 0 mg
F: 6 g • E: 6 g • KH: 12 g • Ballastst.: 9 g**

reicht für 4   dauert 30 Minuten

1 Zwiebel • 2 Knoblauchzehen • **200 g Möhren** • 1 rote Paprikaschote • **1 gelbe Paprikaschote** • 200 g Porree • **200 g Austernpilze** • 100 g Mungobohnensprossen • **2 TL Speisestärke** • 3 EL **Sherry medium dry** • **2 EL Sojasauce** • 1/2 TL frisch geriebener Ingwer • **1 Prise Chilipulver** • 2 EL Sojaöl • **Salz** • 1/2 TL dunkles Sesamöl

1 Zwiebel und Knoblauch abziehen, fein hacken. Möhren schälen und in 3 Millimeter dünne Scheiben schneiden. Paprikaschoten waschen und putzen. In 3 Millimeter dünne Streifen schneiden. Porree putzen, längs halbieren, waschen und in 5 Millimeter dünne Streifen schneiden.

2 Austernpilze bei Bedarf waschen, mit Küchenpapier abtupfen und in Stücke schneiden. Sprossen waschen und abtropfen lassen.

3 Speisestärke, Sherry und Sojasauce glatt rühren. Ingwer und Chili untermischen.

4 Das Sojaöl im Wok erhitzen. Zwiebel und Knoblauch darin unter Rühren kurz anbraten. Möhren und Paprika dazugeben, unter Rühren 2 Minuten braten.

5 Porree und Austernpilze hinzufügen, leicht salzen. Die Gemüse 2 Minuten unter Rühren braten. Sprossen dazugeben und noch 1 Minute pfannenrühren.

6 100 Milliliter Wasser hinzufügen, den Deckel auflegen und das Gemüse 3 Minuten dünsten.

7 Die Saucenmischung unterrühren und erhitzen, bis die Sauce bindet. Das Gericht mit Sesamöl und Salz abschmecken.

INFO

Der Wok ist die ideale Pfanne für die schlanke Küche. Auch hier reichen zwei Esslöffel Öl, um für vier Personen ein ganzes Kilogramm Gemüse knackig und aromatisch zu braten. Gemüse aus dem Wok schmeckt so köstlich, weil die Garzeiten extrem kurz sind. Voraussetzung für den Kocherfolg sind wie beim Dämpfen die gleichmäßig klein geschnittenen Zutaten und dazu ständiges Rühren, das so genannte Pfannenrühren.

SPINAT PFANNE

Pro Port.: 1100 kJ/262 kcal • Chol.: 3 mg
F: 7 g • E: 11 g • KH: 37 g • Ballastst.: 9 g

reicht für 4   dauert 40 Minuten

800 g fest kochende Kartoffeln • 1 Zwiebel • 2 Knoblauchzehen • 500 g Spinat • 2 Tomaten • 1/2 Bund Petersilie • Salz • 2 EL Öl • frisch gemahlener Pfeffer • 1/2 TL Oregano • 1/2 TL Thymian • 250 g fettarmer Joghurt (1,5 %)

1 Die Kartoffeln waschen und mit der Schale über Wasserdampf oder in wenig Wasser weich kochen. Kartoffeln etwas abkühlen lassen, pellen und in dünne Scheiben schneiden.

2 Zwiebel und Knoblauch abziehen. Zwiebel in dünne Scheiben schneiden, Knoblauch hacken. Spinat verlesen, waschen und abtropfen lassen. Tomaten waschen, Stielansätze entfernen und das Fruchtfleisch sehr klein würfeln. Petersilie waschen, trockenschwenken und fein hacken.

3 Spinat mit wenig Salz in einen Topf geben. Zugedeckt bei mittlerer Hitze in 2 Minuten zusammenfallen lassen. Spinat in einem Sieb abtropfen lassen und in große Stücke schneiden.

4 Öl in einer beschichteten Pfanne erhitzen. Zwiebel darin unter Rühren goldgelb rösten. Kartoffeln dazugeben, mit Salz, Pfeffer, Oregano und Thymian würzen. Die Kartoffeln 5 Minuten braten, dabei mehrmals wenden.

5 Spinat untermischen, kurz erhitzen. Die Tomaten unterrühren, mit Salz und Pfeffer abschmecken.

6 Joghurt mit Knoblauch und Petersilie vermischen. Mit Salz und Pfeffer abschmecken. Die Joghurtsauce separat zur Spinat-Kartoffel-Pfanne reichen.

GEMÜSE PAELLA

Pro Port.: 1327 kJ/316 kcal • Chol.: 0 mg
F: 6 g • E: 10 g • KH: 54 g • Ballastst.: 9 g

reicht für 4–6   dauert 60 Minuten

2 EL Öl • 200 g Naturreis • 600 ml Gemüsebrühe • 1 Döschen Safran (1 g) • 1 Lorbeerblatt • 1/2 TL Oregano • 1/2 TL Thymian • 1 Zwiebel • 2 Knoblauchzehen • 1 rote Paprikaschote • 1 grüne Paprikaschote • 2 Stangen Staudensellerie • 300 g Tomaten • Salz • 1 TL Paprikapulver • 150 g grüne Bohnen (tiefgekühlt) • 150 g junge Erbsen (tiefgekühlt) • 1 Zitrone • 8 schwarze Oliven

1 In einem Topf 1 Esslöffel Öl erhitzen, den Reis darin unter Rühren anbraten. Mit Brühe aufgießen, mit Safran, Lorbeer, Oregano und Thymian würzen und zugedeckt 30 Minuten kochen.

2 Zwiebel und Knoblauch abziehen, fein hacken. Gemüse waschen und putzen. Paprika und Sellerie klein würfeln. Tomaten überbrühen, abziehen, ohne Stielansätze würfeln.

3 In einer großen Pfanne 1 Esslöffel Öl erhitzen. Zwiebel und Knoblauch goldgelb braten. Paprika und Sellerie dazugeben, leicht salzen, 4 Minuten braten. Tomaten und Paprikapulver untermischen, zugedeckt 5 Minuten dünsten.

4 Den halbfertigen Reis mit der Kochflüssigkeit unter das Gemüse mischen. Die Paella in der offenen Pfanne noch insgesamt 20 Minuten leicht kochen, bei Bedarf etwas Brühe angießen.

5 Nach 10 Minuten die Bohnen untermischen. Die Erbsen in den letzten 3 Minuten mitgaren. Zitrone waschen, in Schnitze schneiden. Paella mit Zitronenschnitzen und Oliven garnieren.

Naturreis ist die perfekte Schlankheitskost, besonders in Kombination mit viel Gemüse.

ZUCCHINI
MIT KÄSE-MANDEL
KRUSTE

**Pro Port.: 1001 kJ/238 kcal • Chol.: 11 mg
F: 12 g • E: 13 g • KH: 18 g • Ballastst.: 8 g**

reicht für 4   dauert 40 Minuten

für die Zucchini
**1 kg Zucchini • 2 Frühlingszwiebeln •
1/2 Bund Petersilie • 2 Scheiben Vollkorntoast (à 25 g) • 50 g frisch geriebener Emmentaler • 50 g gemahlene Mandeln • Salz • frisch gemahlener Pfeffer**
für die Sauce
**600 g Tomaten • 1 Knoblauchzehe • 1 TL
Thymian • 1 TL Oregano • Salz • frisch
gemahlener Pfeffer**
außerdem
Backpapier

1 Zucchini und Frühlingszwiebeln waschen und
putzen. Zucchini längs in 1 Zentimeter dicke
Scheiben, Frühlingszwiebeln in feine Ringe
schneiden. Petersilie waschen, trockenschwenken und fein hacken. Brot fein zerkrümeln.

2 Frühlingszwiebeln, Petersilie, Brotkrümel,
Käse und Mandeln gut vermischen. Mit Salz und
Pfeffer würzen.

3 Den Backofen auf 200 °C (Umluft 180 °C, Gas
Stufe 3–4) vorheizen. Ein Backblech mit Backpapier belegen. Die Zucchinischeiben nebeneinander darauf legen und leicht salzen.

4 Die Zucchini dünn mit der Käse-Mandel-
Masse belegen und im Backofen etwa 18 Minuten backen. Die Zucchini dürfen nicht zu weich
werden und sollen noch Biss haben.

5 In der Zwischenzeit für die Sauce die Tomaten
waschen, von den Stielansätzen befreien und in
Stücke schneiden. Den Knoblauch abziehen
und grob hacken.

6 Tomaten und Knoblauch im Mixer fein pürieren. Die Tomatensauce in einen Topf gießen, mit
Thymian, Oregano, Salz und Pfeffer würzen und
in 7 Minuten etwas einkochen.

7 Die Zucchini mit Käse-Mandel-Kruste auf
einer Platte anrichten, die Tomatensauce separat dazu reichen.

*Das Geheimnis dieser knusprigen Quiche
mit köstlicher Gemüse-Kräuter-Füllung:
Locker leichter Hefeteigboden und schlanker
Joghurtguss kommen fast ohne Fett aus.*

BROKKOLI SCHNITTLAUCH QUICHE

**Pro Port.: 1255 kJ/299 kcal • Chol.: 159 mg
F: 12 g • E: 19 g • KH: 28 g • Ballastst.: 10 g**

reicht für 4   dauert 90 Minuten

für den Teig (reicht für 3 Quiches)
**300 g Mehl • 1 Päckchen Trockenhefe •
50 g weiche Butter • 1/2 TL Salz**
für den Belag
**800 g Brokkoli • 1 rote Paprikaschote •
2 Bund Schnittlauch • 150 g fettarmer
Joghurt (1,5 %) • 2 Eier • 1 Prise Muskatnuss • Salz • frisch gemahlener
Pfeffer • 30 g geriebener Emmentaler**
außerdem
1 TL Butter für die Form

Die Quiche schmeckt heiß, lauwarm und kalt!

Praktisch: Bei diesem Rezept kneten Sie gleich den Teig für 3 Quiches. Frieren Sie die übrigen beiden Portionen ein. Wenn Sie das nächste Mal Lust auf Quiche haben – und das kann bald sein – müssen Sie nur noch den Belag vorbereiten.

TIPPS

1 Aus Mehl, Hefe, Butter, Salz und 125 Milliliter lauwarmem Wasser einen glatten Teig kneten. Den Teig zugedeckt 60 Minuten gehen lassen.

2 Brokkoli putzen, waschen und in kleine Röschen teilen. Paprikaschote waschen, von Stielansatz, Trennwänden und Kernen befreien und in Streifen schneiden. Schnittlauch waschen, trockenschwenken und fein schneiden.

3 Den Brokkoli zugedeckt in einem Siebeinsatz über Wasserdampf in etwa 7 Minuten bissfest garen.

4 Joghurt, Eier und Schnittlauch mit dem Schneebesen verrühren und mit Muskat, Salz und Pfeffer würzen.

5 Den Backofen auf 220 °C (Umluft 200 °C, Gas Stufe 4–5) vorheizen. Ein Drittel des Teigs dünn ausrollen. Eine Springform (26 Zentimeter Durchmesser) mit Butter ausstreichen. Den Teig in die Form legen, dabei einen 2 Zentimeter hohen Rand formen.

6 Brokkoli kreisförmig auf den Teigboden legen und den Joghurtguss darüber verteilen. Die Quiche mit Paprikastreifen garnieren, mit Käse bestreuen und im Backofen 30 Minuten backen.

Fruchtig, & leicht

Da ist Naschen keine Sünde

Geben Sie der Lust auf Süßes
nach – ohne schlechtes Gewissen!
Diese Obstsalate, leichten
Cremes und süßen Hauptgerichte
belasten nicht mit überflüssigen
Fettkalorien, sondern überzeugen
durch natürliche Süße und viel
frisches Fruchtaroma. Ein guter
Grund, um nach der Diät nicht in
die alten schwergewichtigen Ess-
gewohnheiten zurückzufallen.

süß

MELONEN BEEREN SALAT

Pro Port.: 578 kJ/138 kcal • Chol.: 7 mg
F: 3 g • E: 4 g • KH: 22 g • Ballastst.: 6 g

reicht für 4   dauert 15 Minuten

für die Sauce
200 g fettarmer Joghurt (1,5 %) • 50 g
saure Sahne (10 % Fett) • **2 Päckchen**
Bourbon-Vanillezucker
für den Salat
500 g Honigmelone • 100 g Heidelbee-
ren • **100 g Erdbeeren** • 100 g Brombeeren • **2 Orangen** • **1 TL Honig**

1 Joghurt, saure Sahne und Vanillezucker mit
dem Schneebesen zu einer glatten Sauce verrühren.

2 Die Melone halbieren. Die Melonenkerne mit
einem Löffel entfernen. Aus dem Melonen-
fleisch kleine Kugeln ausstechen oder die Melone schälen und das Fruchtfleisch in gleichmäßig
kleine Würfel schneiden.

3 Beeren verlesen, vorsichtig waschen und von
den Stielen zupfen. Die Erdbeeren in schöne
Stücke schneiden.

4 Die Orangen auspressen. Den Orangensaft
mit dem Honig verrühren.

5 Melonen und Beeren vorsichtig mit dem
Orangensaft vermischen. Die Vanillesauce zum
Fruchtsalat reichen.

TIPP

Als krönende Zugabe zum Obstsalat muss es keine Schlagsahne sein.
Die Vanillesauce aus Joghurt und
saurer Sahne überzeugt mit pri-
ckelnder Frische.

BLITZSCHNELLE
ERDBEER
CREME

**Pro Port.: 544 kJ/130 kcal • Chol.: 1 mg
F: 0,7 g • E: 15 g • KH: 14 g • Ballastst.: 3 g**

reicht für 4   dauert 10 Minuten

**500 g Erdbeeren • 1 EL Honig • 1 Päck-
chen Bourbon-Vanillezucker • 400 g
Magerquark**

1 Erdbeeren waschen und putzen. Einige Erdbeeren in schöne Stücke schneiden, die restlichen Erdbeeren mit dem Mixstab fein pürieren.

2 Erdbeerpüree, Honig, Vanillezucker und
Magerquark mit den Quirlen des Handrührgeräts zu einer glatten Creme vermischen.

3 Die Erdbeerstücke unter die Creme mischen.

VARIANTEN
Im Sommer Aprikosen mit wenig Zitronensaft
fein pürieren und mit dem Quark vermischen.
Im Winter Himbeeren auftauen oder gedämpfte
Äpfel mit einer Prise Zimt durch ein Sieb strei-
chen und die Creme damit zubereiten.

TIPP

Wenn die nächste Hitzewelle zu-
schlägt, können Sie dieses Rezept
auch zu Eis verarbeiten. Füllen Sie
die Erdbeercreme einfach in die
Eismaschine.

*Wenn Sie den fruchtigen Salat mit leichter
Vanillesauce im Winter genießen möchten,
verwenden Sie einfach tiefgekühlte Beeren.*

Dieser hausgemachte Frischkäse aus fettarmem Joghurt ist ein Hit! Er enthält kaum Fett, ist trotzdem wunderbar cremig und überzeugt durch ein ausgeprägt frisches Aroma. Der Arbeitsaufwand für diese Köstlichkeit ist minimal; Sie brauchen nur etwas Geduld, bis der Joghurt im Sieb abgetropft ist.

MANGO
JOGHURT
CREME

Pro Port.: 651 kJ/155 kcal • Chol.: 10 mg
F: 3 g • E: 8 g • KH: 21 g • Ballastst.: 5 g

reicht für 4   dauert 15 Minuten
                    tropft ab 6 Stunden

800 g fettarmer Joghurt (1,5 %) • 1 große reife Mango • 2 TL flüssiger Honig • 200 g Himbeeren • 2 Zweige Zitronenmelisse

1 Ein Sieb mit einem Küchentuch ausschlagen und über eine Schüssel hängen. Joghurt in das Sieb schütten und zugedeckt im Kühlschrank 6 Stunden abtropfen lassen.

2 Die Mango schälen, das Fruchtfleisch vom Kern schneiden und in Stücke teilen. Mango im Mixer oder mit dem Mixstab fein pürieren.

3 Den abgetropften, festen Joghurt, Mangosauce und Honig mit den Quirlen des Handrührgeräts zu einer glatten Creme vermischen.

4 Die Himbeeren verlesen, vorsichtig abbrausen und abtropfen lassen. Zitronenmelisse waschen, trockenschwenken und die Blättchen abzupfen.

5 Die Mango-Joghurt-Creme in Portionsschälchen füllen und mit Himbeeren und Melisseblättchen garnieren.

VARIANTE
Die Creme mit vollreifen Pfirsichen zubereiten und mit entsteinten Kirschen garnieren.

Aus 800 Gramm fettarmem Joghurt erhalten Sie etwa 400 Gramm cremigen Joghurtfrischkäse.

Überraschen Sie Ihre Gäste mit dieser Köstlichkeit: Die feine Mango-Joghurt-Creme ist ein leichter Abschluss für ein Menü.

ANANAS
GRANATAPFEL
SALAT

Pro Port.: 779 kJ/187 kcal • Chol.: 0 mg
F: 1 g • E: 2 g • KH: 40 g • Ballastst.: 5 g

reicht für 4   dauert 20 Minuten

700 g frische Ananas • 1 Kiwi • 2 Orangen • 2 EL Honig • 1 Prise gemahlener Zimt • 1 Prise gemahlener Kardamom • 1 großer Granatapfel

1 Die Ananas mit einem scharfen Messer schälen. Die harten Augen und den Strunk entfernen. Fruchtfleisch in kleine Stücke schneiden.

2 Die Kiwi schälen, längs halbieren und in dünne Scheiben schneiden.

3 Die Orangen auspressen. Den Orangensaft mit Honig, Zimt und Kardamom verrühren.

4 Ananas und Kiwi mit der Orangensauce vermischen.

5 Den Granatapfel vierteln. Die Granatapfelkerne mit der Gabel auslösen.

6 Granatapfelkerne erst kurz vor dem Servieren über den Fruchtsalat streuen, sie geben sonst ihren Farbstoff an die anderen Früchte ab.

Fruchtsalate sind die besten und dazu schnellsten Desserts. Kombinieren Sie die Früchte phantasievoll: Mango mit Erdbeeren und roten Johannisbeeren oder Pfirsiche mit Brombeeren und frischen Datteln werden auch anspruchsvolle Feinschmecker überzeugen.

KOKOS
ZITRONEN
AUFLAUF

Pro Port.: 1317 kJ/314 kcal • Chol.: 147 mg
F: 7 g • E: 15 g • KH: 45 g • Ballastst.: 3 g

reicht für 4   dauert 50 Minuten

für den Auflauf
200 ml fettarme Milch (1,5 %) • 200 ml ungesüßte Kokosmilch (aus der Dose oder Packung) • 120 g Grieß • 2 EL brauner Zucker • 1 TL gemahlener Zimt • 2 Eier • 200 g Magerjoghurt (0,1 %) • abgeriebene Schale von 1 unbehandelten Zitrone • 4 EL Zitronensaft • 4 Eiweiß • Salz
für die Sauce
300 ml frisch gepresster Mandarinensaft • 1 TL Speisestärke • 1 TL brauner Zucker
außerdem
1 TL Butter für die Form

1 Milch und Kokosmilch zum Kochen bringen. Grieß, Zucker und Zimt unter Rühren einrieseln lassen und einen dicken Grießbrei kochen.

2 Grießbrei von der Kochstelle nehmen. Die ganzen Eier, Joghurt, Zitronenschale und Zitronensaft dazugeben, zu einer glatten Masse verrühren und abkühlen lassen.

3 Eiweiß mit einer Prise Salz steif schlagen. Den Eischnee unter die Grießmasse heben.

4 Den Backofen auf 200 °C (Umluft 180 °C, Gas Stufe 3–4) vorheizen. Die Grießmasse in einer gebutterten Auflaufform verteilen und 30 bis 40 Minuten backen.

5 Inzwischen für die Sauce Mandarinensaft, Speisestärke und Zucker in einem kleinen Topf verrühren und unter Rühren kurz aufkochen. Die Sauce zum Kokos-Zitronen-Auflauf reichen.

FRUCHTIGE
QUARK
KÜCHLEIN

**Pro Port.: 1016 kJ/242 kcal • Chol.: 140 mg
F: 7 g • E: 15 g • KH: 28 g • Ballastst.: 5 g**

reicht für 4   dauert 30 Minuten

für die Sauce
**300 g Pfirsiche • 300 g Zwetschen • 1 EL
brauner Zucker • 1 Zimtstange • 1/2 TL
abgeriebene Schale von 1 unbehandelten Zitrone**
für die Küchlein
**200 g Magerquark • 60 g feines Voll-
kornmehl • 2 Eier • 80 ml fettarme
Milch (1,5 %) • 1 Prise Salz • 1 EL Öl**

1 Pfirsiche und Zwetschen waschen, entsteinen
und das Fruchtfleisch in Stücke schneiden.
Fruchtstücke, Zucker, Zimt und Zitronenschale
mit 50 Milliliter Wasser in einen kleinen Topf
geben und zugedeckt in 8 Minuten bei milder
Hitze weich kochen. Die Zimtstange entfernen.
Pfirsiche und Zwetschen mit dem Mixstab fein
pürieren.

2 Aus Quark, Mehl, Eiern, Milch und Salz mit
den Quirlen des Handrührgeräts einen glatten
Teig rühren.

3 Eine beschichtete oder gusseiserne Pfanne
dünn mit Öl besprühen oder bepinseln. Für
jedes Küchlein 1 Esslöffel Teig in die Pfanne
geben und 1/2 Zentimeter dick ausstreichen.

4 Die Quarkküchlein auf beiden Seiten knusprig
goldbraun braten. Fertige Küchlein im Backofen
bei 100 °C (Gas Stufe 1) warm halten, bis der
gesamte Teig verarbeitet ist. Die Pfirsich–Zwetschen–Sauce zu den heißen Küchlein reichen.

*Die Quarkküchlein mit Pfirsich-Zwetschen-
Sauce sind auch prima für ein Brunch.*

TIPP

Im Winter gibt es Apfelmus zu den
knusprigen Küchlein. Dafür werden
600 Gramm Apfelstücke mit 100 Milliliter Apfelsaft, etwas abgeriebener
Zitronenschale und Zimt in 8 Minuten weich gekocht und fein püriert.

KIRSCHEN-REIS
AUFLAUF

Pro Port.: 1428 kJ/340 kcal • Chol.: 9 mg
F: 4 g • E: 10 g • KH: 64 g • Ballastst.: 3 g

reicht für 4   dauert 1 Stunde 10 Minuten

200 g Naturreis (Rundkorn) • 1 Vanilleschote • **250 ml fettarme Milch (1,5 %)**
• 2 EL brauner Zucker • **1/2 TL gemahlener Zimt** • 500 g Kirschen • **150 g fettarmer Joghurt (1,5 %)** • 2 Eiweiß • **1 TL
abgeriebene Schale von 1 unbehandelten
Zitrone** • 1 TL Butter für die Form

1 Den Reis waschen und abtropfen lassen. Die
Vanilleschote längs aufschneiden und das Mark
herauskratzen. Vanillemark beiseite stellen.

2 Die ausgekratzte Vanilleschote, Reis, Milch,
100 Milliliter Wasser, 1 Esslöffel Zucker und
Zimt in den ungelochten Einsatz des Schnellkochtopfs geben. Eine Tasse Wasser auf den
Boden des Schnellkochtopfs gießen, den Einsatz
darüber stellen und den Topf verschließen. Den
Reis 20 Minuten unter Druck garen.

3 Die Kirschen waschen und von den Stielen
zupfen, nicht entsteinen.

4 Joghurt, Eiweiß, Vanillemark, 1 Esslöffel Zucker und Zitronenschale mit den Quirlen des
Handrührgeräts glatt rühren. Den Milchreis mit
der Joghurtsauce vermischen.

5 Den Backofen auf 180 °C (Umluft 160 °C, Gas
Stufe 2–3) vorheizen. Eine Auflaufform mit Butter ausstreichen. Kirschen und Reismasse
schichtweise in die Form füllen. Den Auflauf im
vorgeheizten Backofen 45 Minuten backen.

**Der Milchreis gelingt ebenso gut in
einem normalen Topf mit gut
schließendem Deckel. Er benötigt
dann 100 Milliliter mehr Wasser
und 20 Minuten länger zum Garen.**

APRIKOSEN
GRATIN

Pro Port.: 1189 kJ/283 kcal • Chol.: 282 mg
F: 10 g • E: 15 g • KH: 32 g • Ballastst.: 5 g

reicht für 4   dauert 30 Minuten

1 kg Aprikosen • 400 g fettarmer Joghurt (1,5 %) • **4 Eier** • 2 EL brauner
Zucker • **1 TL abgeriebene Schale von
1 unbehandelten Zitrone** • 1 TL gemahlener Zimt
außerdem
1 TL Butter für die Form

1 Die Aprikosen waschen, entsteinen und längs
vierteln.

2 Joghurt, Eier, Zucker, Zitronenschale und Zimt
mit den Quirlen des Handrührgeräts zu einem
glatten Guss verrühren.

3 Den Backofen auf 200 °C (Umluft 180 °C, Gas
Stufe 3–4) vorheizen. Eine flache Form mit der
Butter ausstreichen.

4 Die Aprikosenviertel dachziegelartig in die
Form schichten und mit dem Joghurtguss über-
ziehen.

5 Das Aprikosengratin im vorgeheizten Backofen 20 bis 25 Minuten backen.

VARIANTE
Nach diesem schnellen Grundrezept können Sie
auch Pfirsich-, Apfel- und Zwetschengratin
zubereiten.

**Wenn Sie süße Saucen mögen, dann
reichen Sie zum Aprikosengratin die
Vanillesauce von Seite 84.**

*Das Aprikosengratin schmeckt frisch aus
dem Ofen besonders gut, kann aber auch
lauwarm oder kalt serviert werden.*

Register

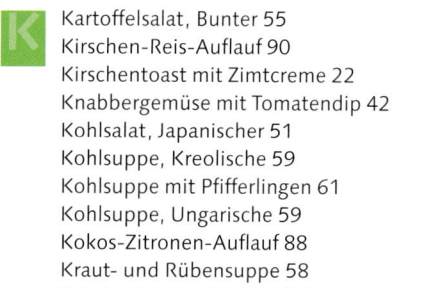

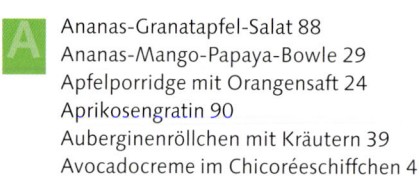

Die Autorin

Elisabeth Fischer studierte Soziologie und war lange Jahre Köchin in einem vegetarischen Restaurant. Sie ist die Autorin von vielen Kochbüchern und Ratgebern. Ihr Spezialgebiet ist die gesunde, schlanke Küche. Sie ist bekannt für ihre raffinierten, aber trotzdem alltagstauglichen Rezepte. Elisabeth Fischer lebt als freie Autorin in Wien, entwickelt Diätrezepte für bekannte Zeitschriften und veranstaltet Seminare über gesunde Ernährung und köstliches Essen.

Die Fotografin

Antje Plewinski machte sich nach erfolgreichem Abschluss ihres Fotodesignstudiums als Fotografin selbstständig. Durch Auslandsaufenthalte in Kanada und Australien sammelte sie viel Erfahrung im Bereich der Werbefotografie, Food und Stillife. 1996 gründete sie ihr eigenes Fotostudio in Berlin und spezialisierte sich durch ihre Liebe zu kulinarischen Genüssen sehr schnell auf die Foodfotografie. Dort arbeitet sie erfolgreich für ihre Kunden aus der Werbung und für Verlage.

Bildnachweis

Alle Bilder stammen von Antje Plewinski, Berlin mit Ausnahme von:
Ifa-Bilderteam, München: 10 (International Stock), 11, 16, 19 (IPS), 14 (IPP), 18 (Image du Sud); Image Bank, München: 8 (M. Gratton), 75 (Steve Murez); Jump, Hamburg: U4 u. (Katharina Axelson), 32 (Kristiane Vey); Pictor, München: U1/Peoplemotiv (Philip Gatward); Photonica, Hamburg: 22 u. (Johner), 53, 84 (Neo Vision); Stock Food, München: 33 (Bodo A. Schieren); Urban Martina, Hamburg: U1/Foodmotiv; Zefa, Düsseldorf: 9 (Bauer), 12, 52, 71 (Sucre Sale), 15 (Auslöser), 17 o. (Masterfile), 17 u. (Auslöser), 22 o. (Gulliver), 23, 46, 58 (Benelux), 67 (Möllenberg)

Hinweis

Impressum

Der Südwest Verlag ist ein Unternehmen der Econ Ullstein List Verlag GmbH & Co. KG, München.
© 2002 Econ Ullstein List Verlag GmbH & Co. KG, München
2. Auflage 2002

Lektorat
Eva Steinbacher
Projektleitung
Alexandra Endres
Bildredaktion
Gabriele Feld
Foodfotografie
Antje Plewinski, Berlin
Produktion
Manfred Metzger (Leitung), Annette Aatz, Monika Köhler
Umschlagkonzeption
Lohmüller Werbeagentur, Berlin
Umschlag
Manuela Hutschenreiter
Gestaltung Innenseiten
Eva Maria Salzgeber, München
DTP, Satz
Jan-Dirk Hansen

Printed in Italy

Gedruckt auf chlor- und säurearmem Papier

ISBN 3-517-06535-8